이 땅에서 신학한다 함은, 이 땅의 문제를 이 땅의 언어로 풀어 내는 작업이 아닌가 싶습니다. 서구의 신학은 기독교 사회를 전제로 하고 있기에 우리의 문제와 현실에 적합하지 않은 경우가 많습니다. 사대주의적 수입상들은 그저 앵무새처럼 서구 교회의 찬란한 역사와 전통을 노래하지만, 우리의 문제를 풀기보다는 더 복잡하고 꼬이게 만들기도 합니다. 그러나 스탠리 하우어워스는 비서구적 상황에서 신학하는 하나의 준거점입니다. 그를 디딤돌 삼아서 신학의 보편성과 지역성을 동시에 아우를 수 있는 길을 모색할 수 있다고 봅니다. 그런 점에서 김승환 박사의 이 책은 적절하고 탁월합니다. 양비론적 접근에 그친 그간의 논의와 달리 좀 더 적극적으로 하우어워스의 이론을 수용할 뿐만 아니라, 우리 사회에 필요한 주제들을 잘 톺아 냅니다. 이 땅에서 나고 자라 이 땅에서 신학한 토종 신학자의 일목요연한 정리와 평가, 비평을 새겨듣고 6가지 주제를 함께 토론해 보면 좋겠습니다.

김기현 | 로고스교회 담임목사, 《욥, 까닭을 묻다》 저자

교회의 의미와 신앙에 대해서 진지하게 고민하는 학생들을 만나면, 너무 반가워서 웃음을 짓습니다. 그러나 기독교인으로 살아가는 것이 녹록지 않기에 학생들은 이내 현실을 걱정합니다. 그러면 저는 하우어워스를 읽어 보라고 권하곤 합니다. 하우어워스는 기독교인으로서 정체성도 지키면서 교회 공동체를 지켜 낼 수 있는 길을 보여 주기 때문입니다. 이런 점에서 이 책은 매우 가치가 있습니다. 저자는 부교역자로서 현재 교회를 섬겨 가면서 공동체와 신앙의 의미에 대한 성찰을 하우어워스를 통해 구현하고 있습니다. 분명 이 책은 교회와 신앙의 의미를 진지하게 묻고 있는 젊은이들에게 큰 도움이 될 것입니다.

성신형 | 기윤실 기독교윤리연구소 소장, 숭실대 교수

스탠리 하우어워스는 21세기 초반 가장 영향력 있는 신학자 중 한 사람입니다. 그의 신학은 신학자들의 전문적 영역을 넘어 대중적으로도 영향력을 발휘하고 있습니다. 신앙인다운 신앙인됨, 교회다운 교회됨이 곧 기독교 사회윤리라는 주장은 많은 교회와 신앙인들에게 큰 도전이 되고 있습니다. 그러나 이러한 긍정적 관심과 도전과 함께 그에 대한 비판 역시 주목됩니다. 과연 이 복잡하고 모호한 세계와 인간들, 그리고 그 안에 존재하는 교회에 대한 하우어워스의 주장이 설득력을 넘어 유일한 성경·신학적 응답이 될 수 있을까에 대한 의문과 비판들도 많습니다. 이러한 상황에서 김승환 박사의 저서는 하우어워스에 대한 내재적 해석과 함께 한국적 상황을 고려한 도전적 해석과 비판도 균형 있게 소개하고 있다는 면에서 매우 유익한 하우어워스 입문서라 생각되어 기쁜 마음으로 일독을 권합니다.

임성빈 | 전 장로회신학대학교 총장, 한국기독교학회 회장

하나님의 나그네 된 교회들에게

스탠리 하우어워스가 전하는 여섯 가지 메시지

하나님의 나그네 된 교회들에게

김승환 지음

차례

들어가는 말_ 탈교회의 시대를 살아가며 11

1장 내러티브 이야기를 가진 존재들 29

2장 덕과 성품 한 인격이 된다는 것 56

3장 공동체 나그네로 사는 세상과 공동체 83

4장 탈콘스탄티누스주의 정치와의 밀월 관계 110

5장 평화의 나라 비폭력 평화주의를 향하여 134

6장 제자도 본받음과 뒤따름 160

나오는 말_ 분리주의라는 오해에 대하여 185
주 193
참고문헌 205

들어가는 말

탈교회의 시대를 살아가며

탈교회 현상과 한국 교회

지금은 탈교회Post-Church 또는 탈기독교Post-Christian 시대입니다. 런던 아나뱁티스트 대표인 스튜어트 머레이는 《포스트-크리스텐덤 Post-Christendom》에서 "기독교는 더 이상 세상의 중심이 아니며 변방으로 이동하고 있다"[1]라고 말합니다. 서구 사회에서 절대다수를 차지하며 하나의 세계로서 역사를 주도해 왔던 기독교는 '다수'에서 '소수'로, '중심'에서 '변방'으로, 덩치 큰 '기관'에서 변화에 민감한 '운동movement'으로 위치를 조정하는 중입니다. 물론 기독교의 쇠퇴가 서구만의 문제는 아닙니다. 한국 기독교의 상황도 별반 다르지 않습니다. 2000

년까지 상당한 성장을 이룬 한국 교회는 코로나19를 거치면서 탈교회 현상이 가속화되고 있습니다. 한국 교회는 사회로부터 외면받은 지 오래이며, 종교 신뢰도 조사에서 이웃 종교의 절반에도 이르지 못하는 안타까운 상황을 직면하고 있습니다.[2]

무엇이 문제일까요? 또 누구의 책임일까요? 한두 사람의 결단으로 이 쇠락의 흐름을 바꿀 수는 없습니다. 또한 교회를 향한 대안 없는 비판은 무책임할 뿐입니다. 지금은 침몰하는 교회라는 거대한 배를 다시 수면 위로 부상시킬 현실적인 방법이 필요합니다. 만약 우리가 탄 배가 회생 불가능한 상황에 처했다면, 우리는 승객들에게 이 사실을 솔직하게 알리고 안전한 곳으로 대피시켜야 하지 않을까요? 빨리 구명보트를 준비하고 승객들을 차례차례 옮겨 타도록 안내해야 합니다. 그리고 일부는 배에 끝까지 남아 원상복구를 위한 최선의 노력을 기울여야겠지요. 우리에게 필요한 것은 공동의 위기의식과 우리가 점점 가라앉고 있다는 사실을 인정할 수 있는 용기와 솔직함입니다. 구조선이 와서 우리 모두를 구해 줄 것이라는 낭만적인 희망은 내려놓아야 합니다. 그러기엔 너무 멀리 와 버렸습니다. 정말로 멀리 와 버렸습니다.

지금의 교회는 성경이 증언하는 '예수님의 이야기'에서 한참이나 벗어났으며, '복음의 원형'에서 변형된 지 오래입니다. 초대교회의 전통과 종교개혁의 영광스러운 흔적도 몸의 작은 흉터처럼 남아 있을 뿐. 안타깝게도 교회의 시대는 저물어 가고 있습니다.

하나님의 교회, 하나의 거룩한 보편적인 사도적 교회는 불변할지라도, 이 땅의 교회 현실은 오후 늦게 저물어 가는 해와 같습니다. 청소년과 청년들뿐 아니라 다수의 시민에게 교회는 부끄러운, 아니 혐오스러운 존재가 되어 버렸습니다. 코로나를 통해 드러난 한국 교회의 현주소는 민망하기 그지없습니다. 사회적 거리두기가 한창인 상황에서 일부 교회는 대면 예배를 강행하는 집단 이기심을 보였습니다. 자신의 믿음과 공동체만을 걱정하는 배타적 태도는 공통의 토대를 붕괴시키는 암초와 같았습니다.

사회가 바라보는 우리는 권력과 자본에 물든 교회, 나의 정체성과 다른 신념을 지닌 이들을 혐오하는 믿음, 물질적 성공을 하나님의 축복의 전부로 여기는 욕망 신앙, 공공선 common good을 도모하지 않는 이기적 행위로 가득 차 있습니다. 교회는 신천지와 사이비 단체와 구별되려 했지만, 정작 정통과 이단이 별반 다르지 않음을 몸소 보여 주었습니다. 맹목적인 순종을 강요당한 그리스도인들은 합리적 사고를 잃어버리고 자기 신앙의 합리화라는 깊은 늪에 빠져 있습니다. 우리는 우리의 바람을 하나님의 뜻으로 포장하는 데 너무도 익숙합니다.

그렇다면 우리는 어디에서부터 다시 시작해야 할까요? 어떻게 해야 이 고장 난 시계를 고칠 수 있을까요? "개혁교회는 다시 개혁되어야 한다"라는 거창한 구호를 뒤로하고 무엇부터 다시 시작해야 할까요? 우리의 교회는 대중적 흥행과 빠른 성공 신화를 벗겨 내고 단단하게 그러면서도 유연한 변화를 감행해야 합니다. 우리에게는 새로운 교회 모델이 필요한 것이 아니라, 본래의 교회 모형으로 돌아가려는 방향 전환이 필요합니다. 지금의 상태를 과감하게 멈출 수 있는 용기와 철저한 회개가 있어야 합니다. 그것은 과거로의 회귀와 도피가 아닙니다. 꼬여 있는 실타래를 풀기 위해 다시 원점으로 되돌아가는 것입니다. 잘못 묶여 있던 그 지점을 다시 찾는 작업을 시작해야 합니다.

한스 부어스마는 《천상에 참여하다》에서 다음과 같이 말합니다.

> 지난 몇십 년 동안 복음주의 신학에서는 두 가지 주목할 만한 발전이 있었다. 첫째, 신학이라는 학문 분과의 본질이 변화를 겪은 것처럼 보인다. 한때 복음주의의 특징이라고 여겨졌던 명제적 진리 대신, 내러티브, 이미지, 상징처럼 더 파악하기 어려운 표현 수단들이 부각되고 있다. 절대적 진리 주장에 대한 의심과 더불어 본질주의essentialism에 대한 탈근대적 우려 때문에 젊은 복음주의자들은 이전 세대가 세워 놓은 합리적 변증과 신학을 선뜻 지지하지 않는 것 같다. 둘째, 절

대적 진리의 본질을 포착할 수 있는 인간 능력에 대한 의심이 생기면서, 과학적 방법의 정당성에 의문을 제기하고, 그 결과 더 많은 복음주의자가 성경에 대한 고등비평의 다양한 방법에서 등을 돌리고 있다.[3]

만약 부어스마의 주장이 맞다면, 교리적인 신학의 문법과 교회라는 멋진 제도를 완성시킨 이전 세대들과 달리 젊은 복음주의자들이 합리적 이성으로 파악되지 않는 성경의 이야기와 실천에 더욱 매력을 느끼는 이유가 무엇일까요? 말로 표현할 수 없지만 마음으로 동의가 되고, 실천하도록 동기를 부여하는 내러티브와 이미지에 끌리는 이유가 있습니다. 어쩌면 우리는 그동안 성경을 이해 가능한 한쪽 뇌로만 바라봤는지 모릅니다. 이해할 수 있는 것을 신앙의 전부로 착각한 나머지, 말로 표현되지 않는 진리의 대부분을 포기한 채 믿어 왔는지 모릅니다. 지금은 머리가 아닌, 가슴과 마음 그리고 삶의 온전함으로 그리스도를 바라보고 따르는 신실함이 필요합니다.

탈교회 시대, 하우어워스에게 교회됨을 배우다

이 책은 탈교회의 시대를 살아가는 그리스도인들에게 복음의 온전한 이해와 실천을 독려해 교회의 토대를 회복하려는 한 신학자의 탐구로부터 출발합니다. 바로 스탠리 하우어워스입니다. 그는 오늘날 교회가 '예수님의 이야기'에 신실하지 않다고 비판합니다. 교회를 구성하는 지배적인 서사는 이미 세속의 것들로 대체되었습니다. 세상에 친근하게 다가서려는 교회의 노력이 스스로를 무딘 칼로 만들어 버렸고, 존재 목적과 이유를 상실한 채 세속의 목표를 좇아 방황하는 교회가 되게 했습니다. 세속주의에 물든 교회, 세상 권력과 결탁한 콘스탄티누스주의Constantianism를 따르는 교회, 예수님을 말하지만 행동하지 않는 예수님 없는 교회, 그리스도의 성품을 잃어버린 그리스도의 공동체는 정말 아무것도 아닌 존재가 되었습니다. 정말 아무것도 아닌 존재입니다.

하우어워스는 A.D. 313년 콘스탄티누스 시대 이전의 교회 공동체와 신앙 전통에 주목합니다. 왜 그 시점이 중요할까요? 교회가 세상 권력과 타협하기 시작한 시점을 로마 제국의 국교로 승인된 날로 생각할 수 있기 때문입니다. 본래의 교회는 제국의 종교가 아닌, 폭력을 정당화하고 정치권력을 탐했던 타락한 교회가 아닌, 억압받는 소수였지만 평화를 사랑하는 교회입니다. 그들은 그리스도의 십자가를 자랑하던 작은 규모의 가정 공동체였습니다. 집과 동굴, 깊은 산속에 모이면서 시대의 조류에 편승하지 않고 복음의 이야기를 증언하며 살던 하나의 에클레시아였습니다. 할 타우직은 《기독교는 식사에서 시작되었다》(동연, 2018)에서, 가정에서 모여 그리스도의 살과 피를 나누는 식사(연회)에서 기독교가 시작되었다고 주장합니다. 교회는 로마의 황제와 제우스신을 섬기던 세속문화에서 분리되어 예수 그리스도를 왕으로 고백하며 따르는 정치-종교적인 결사의 조직체였습니다. 그 교회는 예수님의 이야기로 단단히 무장한 공동체, 제국의 역사에서 생생하게 살아 있던 공동체였습니다. 소수의 공동체였지만 순교를 각오한 예수님의 멋진 제자들이 속해 있었습니다. 우리는 그런 교회를, 아니 그런 교회됨을 갈망해야 합니다.

하우어워스는 《교회됨》에서 한 토끼 마을의 이야기를 흥미롭게 들려줍니다. 리처드 애덤스의 《워터십 다운 *Watership Down*》(사계절, 2019)에 나온 이야기인데, 정치소설이자 놀라운 모험 이야기이죠. 토끼굴의 붕괴를 앞두고 탈출을 고민하던 그들은 과거로부터 전승된 오래된 이야기를 회상합니다. 토끼의 영웅 이야기인 '엘-어라이라'의 전승은 위기를 맞은 토끼들에게 지금의 터전을 버리고 새로운 세상으로 향하게 하는 원동력이 됩니다. 토끼들은 잊혀졌던 그들의 전승 이야기를 꺼내 들고 자신의 본래 역사를 확인한 뒤, 과감하게 동굴에서 탈출합니다. 새로운 세상으로 인도할 영웅을 기다리며 현재의 동굴을 박차고 나온 것입니다. 엘-어라이라 전승은 오래된 이야기이지만 무너져 가는 오늘을 변화시킬 수 있는 가장 최신의 이야기였습니다. 그 이야기는 순수한 믿음을 통해서 되살아났으며, 그 이야기를 듣고 따르는 무리를 통해 현실

화됩니다. 어쩌면 그 영웅 이야기의 주인공이 바로 자신들이었다는 것을 뒤늦게 발견했는지 모릅니다.

오늘날 우리가 다시 회상해야 할 이야기가 있다면 무엇일까요? 현재의 실패를 극복할 수 있는 진짜 이야기는 무엇일까요? 오늘날 교회가 잃어버린 '예수님의 이야기'는 무엇일까요? 2천 년 전, 이 땅을 딛고 한 인간으로 살았던 하나님 아들의 이야기는, 우리에게 그분을 따르는 삶의 여정으로 떠나라고 손짓합니다. 누군가는 예수님처럼 사는 것은 불가능하다고 말합니다. 그 이야기는 하나님의 아들로서 신적 능력을 지닌 아주 특별한 사람의 이야기라고 말합니다. 그러나 예수님의 이야기가 우리의 해답이 아니라면 우리는 무엇을 따라야 할까요? 예수님의 내러티브가 해답이 아니라면 우리는 어디에서 진리를 찾아야 할까요? 예수님의 이야기가 정답이 아니라면 우리가 좇아온 것은 과연 무엇일까요?

예수님의 내러티브와 교회 공동체를 강조했던 하우어워스의 주장을, 그의 선생인 제임스 거스탑슨James Gustafson조차 비난했습니다. 예수님의 이야기로 형성된 교회를 추구하는 것은 분리주의 또는 소종파주의sectarianism라고 말이죠. 다원화된 사회에서 타자와의 대화와 협력이 중요한 시대에 자신만의 가치를 고수하면 고리타분하고 어리석은 짓이라고 비난받습니다. 하지만 하우어워스의 메시지는 분명합니다. 적당한 타협과 세상을 향한 모호한 태도가 결국 교회 공동체를 무너뜨렸음을 알기에, 그는 세상으로부터 분리된 교회를 당당하게 주장합니다. 그것은 세상으로부터 동떨어진 자신만의 왕국을 만들려는 시도가 아닙니다. 세상과 너무나 닮아 버린 교회에서 탈출하려는 것입니다. 애굽을 떠났던 이스라엘 민족처럼 400년의 긴 시간 동안 제국의 질서와 문화에 익숙해져 버린 삶의 태도와 가치관을 버리고 당장 광야로 떠나라고 소리칩니다. 월터 브루그만이 주장하듯, 애굽을 떠나 광야로 향하는 이스라엘이 자신들의 오랜 선조들의 신앙 이야기에서 민족의 정체성을 찾아내는 것처럼 말이지요. 어쩌면 우리는 지금의 교회에서 탈출을 시도해야 할지도 모릅니다. 교회의 모습을 하고 있지만 실상은 회칠한 무덤과 같은, 예수님을 부르지만 정작 예수 닮기를 거절하는 교회에서 이제 돌아설 때입니다.

한 신학자의 사상을 통해 '교회됨'의 본질과 '그리스도인됨'을 추구하는 것이 한국 교회의 해답이라고 할 수는 없습니다. 하지만 작은 대안임은 분명합니다. 하우어워스는 오늘날 목회자와 신학교 교수들에게 강하게 호소합니다. "만약 목회자들이 자기네 교인들에게 열정적인 모험심을 불러일으키지 못한다면 그들은 실패자다. 신학교 교수들도 목회자들을 도와 그들이 평신도들의 모험심을 일깨울 만큼 능력 있는 사람이 되도록 이끌어 주지 못한다면 그들 역시 실패자다"라고 말이지요.[4] 그가 주장한 것처럼 교회의 위기는 교회 밖에 있지 않습니다. 교회의 근원적인 문제는 바로 교회적인 것에 있습니다. 새로운 신학이 등장할 때마다 신학교 교수들과 목회자들이 일시적인 유행을 좇고, 자신들의 문제가 교회적인 것이 아니라 신학적인 것이라는 착각에 빠집니다. 신학적 완전함을 추구하면 교회가 다시 살아나고 믿음 좋은 그리스도인이 될 수 있다는 요상한 주문에 걸려 있습니다. 이제는 이런 것들에서 돌아설 때입니다.

최근 스탠리 하우어워스의 글이 국내에 많이 소개되고 있습니다. 《교회됨》, 《평화의 나라》, 《하나님의 나그네 된 백성》, 《교회의 정치학》, 《마태복음》, 《덕과 성품》 등은 하우어워스가 추구하는 기독교 공동체주의의 신학적 토대와 실천 방법들을 잘 보여 줍니다. 파편화된 진리, 객관화된 이성의 체제 속에 살아가는 그리스도인들에게 '신실한 이야기'는 우리가 누구인지, 그리고 어떤 존재로 살아가야 하는지를 다시 확인해 줍니다. 그의 관심은 '그리스도인으로서 우리가 무엇을 행할 것인가doing가 아니라 어떤 존재가 될 것인가being'입니다.

'하나님의 나그네 된 교회'는 세상에 없었던 새로운 교회를 지향하지 않습니다. 오히려 우리의 시선을 교회의 오랜 모습으로 돌려놓습니다. 세속주의에 물들어 그 속에서 헤어 나오지 못하는 교회를 구출하려는 것입니다. 정착하고 안주하면서 딱딱하게 굳어 버린 교회를 유연하게, 그러면서도 다양한 겉옷을 입을 수 있는 속이 말랑말랑한 교회가 되게 하려는 것입니다. 존재는 고정된 실체가 아니라 언제나 변화의 과정에 있습니다. '이것이 교회다'라고 말하는 순간, 그것은 더 이상 교회가 아닙니다. 우리의 여정은 나그네와 같습니다. 함께 걷는 동료가 있다면 나그네 공동체가 될 것입니다.

'**하나님의 나그네로서 그리스도인**'은 정처 없이 방황하는 존재가 아닙니다. 세속의 한복판에서 발길 닿는 곳에 머물다 떠도는 파편들이 아닙니다. 그들은 예수님의 이야기를 증언하며 그 이야기가 생생히 살아 있도록 존재 자체로 설파하는 이들입니다. 믿음 장으로 잘 알려진 히브리서 11장은 아벨, 에녹, 아브라함, 모세, 다윗 등 수많은 신앙의 선배들이 다 믿음을 따라 살고 죽었다고 기록합니다. 성경은 그들의 삶을 "**외국인과 나그네**"(히 11:13)였다고 묘사합니다. 믿음으로 사는 사람은 이 땅의 정착자로 안주하지 않고 끊임없이 새로운 곳을 향해 나아가는 여행자의 삶을 삽니다. 이 여행의 끝은 단연 하나님 나라입니다. 이 여행의 가이드는 이야기의 주인공이신 우리 주 예수님이십니다. 당신은 그 여행길을 함께 걸어갈 준비가 되어 있나요? 우리가 두려운 마음으로 한 걸음을 내디딘다면 우리보다 앞서 걸어가신 그분의 뒷모습이 어렴풋이 보일지 모릅니다.

이 책의 구성과 주요 저작에 대하여

하우어워스가 제시하는 여섯 가지의 메시지는 교회됨의 원형을 회복하는 본질적인 것들입니다. 이 책의 핵심은 1장입니다. 하우어워스 신학의 내러티브 방법론을 이해하는 것이 가장 중요합니다. 그렇다면 나머지 주제들은 실타래가 풀리듯이 자연스럽게 연결되면서 그의 언어와 메시지가 한눈에 들어오기 시작할 것입니다. 2장과 3장에서는 내러티브가 어떻게 공동체성을 형성하고 구성원들을 하나로 묶어 주는 독특한 정체성을 만들어 내는지 설명합니다. 우리는 이야기의 등장인물을 통하여 신앙의 롤 모델을 만나게 됩니다. 그들을 모방하거나 거절하면서 오래된 이야기를 우리의 삶으로 다시 들려줍니다. 예수님의 이야기로 형성된 공동체와 그 이야기가 지향하는 그리스도의 성품은 예수님을 닮고자 하는 이들에게 자연스럽게 형성되는 것들입니다. 4장에서는 예수님의 이야기가 세상과 전혀 다른 정치체를 구성하면서 세속의 정치에 어떻게 저항하게 하는지를 서술합니다. 교회를 대체하려는 세속정치의 허구성을 들추어 참된 정치체로서 교회를 제시합니다. 5장은 하나님 나라가 평화로 가득 차 있는 곳임을 설명합니다. 그 나라는 예수 그리스도의 비폭력적 삶을 지향하는 제자들의 공동체를 통하여 구현됨을 밝히고, 세상의 평화의 허구성을 지적하며 참된 평화의 가치를 제안합니다. 그리고 마지막 6장에서는 하나님 나라를 지향하며 예수님의 제자로 기꺼이 살아가는 이들의 실천적 삶을 펼쳐 놓았습니다.

하우어워스의 저서들에서 이러한 내용을 잘 확인할 수 있습니다. 그의 주저라고 할 수 있는《교회됨》에서 그는 내러티브의 중요성을 강조합니다. 교회를 구성하는 가장 중요한 요소인 예수님의 이야기는 우리의 믿음과 신앙을 형성할 뿐 아니라, 그 이야기를 공유하는 공동체를 하나의 교회됨으로 인도합니다. 하우어워스의 내러티브 방법론은 알래스데어 매킨타이어로부터 영향을 받아 강화됩니다. 인간의 행위는 합리적 이성의 판단보다는 그들을 둘러싼 공동체의 자연스러운 덕과, 그런 덕의 훈련을 통해 형성된 성품을 소유한 이들의 일상에 의해 더 영향을 받습니다. 하우어워스의 내러티브는 인간론과 교회론, 종말론과 기독교 윤리학으로 자연스럽게 이어집니다. 그리스도인이 어떤 이야기를 지니고 있는지, 그 이야기로 어떤 정체성을 갖게 되는지, 예수님을 닮은 삶을 어떻게 살아갈 수 있는지를, 예수님의 내러티브를 이해한다면 단번에 확인할 수 있습니다.

《하나님의 나그네 된 백성》에서 하우어워스는 그리스도의 제자로 살아가는 것은 전혀 다른 낯선 세계를 모험하는 삶이며, 마치 타국에서 나그네로 살아가는 것과 같다고 말합니다. 하우어워스의 신학 사상을 가장 잘 보여 주는 이 책을 통해 우리는 복음의 언어와 문화를 상실한 세계에서 그리스도인으로서 어떻게 살아야 하는지를 고민하게 됩니다. 외딴 선교지에 홀로 남겨진 선교사처럼 예수님을 믿지 않는 세상의 한복판에서 그의 제자로 사는 것은, 바로 복음을 증언witness하는 삶임을 설명합니다. 증언은 그리스도를 닮은 성품과 인격으로, 존재 그 자체로 자신이 믿고 따르는 바를 사는 것입니다.

《교회의 정치학》에서 하우어워스는 자신의 신학적 윤리가 세속정치와 공적 이슈에 어떻게 응답할 수 있는지를 보이려 했습니다. 이 책이 다른 저서들과 조금 다른 흐름을 보이기에 간혹 '실패한 책'이라는 비판을 받기도 합니다. 하지만 이 책에서 그는 교회가 거짓된 세속의 보편주의와 어떻게 대화해야 하는지를 밝힙니다. 자유민주주의가 제시하는 정의와 자유가 실상 어떻게 왜곡되고 부패했는지를 교회 공동체주의의 입장에서 재평가합니다. 우리는 이 책을 통해 공적으로 논의되는 중요한 이슈에서 하우어워스주의자Hauerwasian들이 어떻게 다르게 관찰하고 접근하는지를 발견하게 될 것입니다.

그리고《평화의 나라》는 덕 윤리와 기독교 공동체주의 입장에서 새로운 윤리학을 정립하려고 시도한 책입니다. 하우어워스는 이 책에서 교회의 핵심적인 본성이 바로 종말론적인 평화임을 밝힙니다. 종말에 완성될 하나님 나라는 곧 평화의 나라이며, 이 땅에서 그 나라를 선취한 그리스도인은 바로 평화의 삶을 사는 이들임을 설명합니다.

그 외에도 여러 책에서 하우어워스의 목소리를 들을 수 있습니다. 국내에서 큰 사랑을 받은 《한나의 아이》에서 우리는 신실한 한 그리스도인을 만나게 됩니다. 신학자로서의 탁월한 명성 뒤에 가려진 가정의 아픔, 그 아픔을 딛고 한 신앙인으로 살아온 인간적인 하우어워스를 보게 됩니다. 또한 친구이자 동료 신학자인 새뮤얼 웰스의 자녀에게 14년간 보낸 편지를 모은 《덕과 성품》은 어린아이에서 어른으로 성장하는 과정에서 그리스도인들이 갖춰야 하는 성품들을 소개합니다. 우리는 한 영혼을 신실하게 대하는 따뜻한 사람으로서 하우어워스를 만날 수 있습니다. 《마태복음》은 산상수훈을 중심으로 예수님의 메시지를 공동체의 관점에서 새롭게 풀어 가는 주석입니다. 윤리학자가 쓴 이 성경 주석은 신선한 통찰로 가득합니다. 예수님을 따르는 삶을 강조하기에 실천적 해석과 공동체적 적용을 고려하면서 복음서를 들여다보았습니다.

또한 하우어워스의 사상을 비교적 잘 정리하여 소개하는 책들이 있습니다. 듀크 대학에서 교목을 지낸 새뮤얼 웰스는 하우어워스와 친밀한 관계를 유지해 오고 있으며, 《운명에서 숙명으로 Transforming Fate Into Destiny》에서 성품, 내러티브, 공동체, 교회, 그리고 교회 이야기순으로 하우어워스의 사상적 흐름을 잘 정리하고 있습니다. 니콜라스 힐리의 《하우어워스: 비평적 소개서 Hauerwas: A (Very) Critical Introduction (Interventions)》는 하우어워스의 신학 방법론을 나름의 관점에서 잘 비판하고 있습니다. 하우어워스를 다루는 국내 연구서로는 문시영의 《교회됨의 윤리》가 있습니다. 문시영은 《교회됨》을 번역했을 뿐 아니라 오랫동안 하우어워스를 연구해 온 대가답게 그의 사상적 기초에서부터 한국 교회에 적용 가능한 방법까지 하우어워스를 폭넓게 소개합니다. 또한 학술지에 기고한 아티클 중에 김현수의 "스탠리 하우어워스의 교회 윤리 비판적 읽기"(〈기독교사회윤리〉 21호, 2011.)와 "자유주의자 vs. 분파주의자: 공공신학자 막스 스택하우스와 교회윤리학자 스탠리 하우어워스의 논쟁"(〈한국기독교신학논총〉 80호, 2012.)은 균형감 있게 하우어워스의 강점과 약점을 비판합니다.

필자 역시 《우리 시대의 그리스도교 사상가들》(도서출판 100, 2020)에서 "덕과 성품, 그리고 공동체"라는 제목으로 간략하게 하우어워스를 소개한 바 있습니다. 이 책은 그 아티클의 확장된 연구물입니다. 한국 교회와 성도들을 향해 하우어워스의 사상을 여섯 가지 주제로 나누어 신학적이지만 동시에 신앙적인 논의를 시도했습니다. 또한 공공신학자들과 급진 정통주의자들을 비롯한 몇몇 학자들의 주장을 인용하면서 하우어워스를 비판하거나 보완하는 형식으로 글을 전개했습니다. 부디 포스트-코로나 시대에 교회의 본질을 고민하면서 새로운 공동체를 위한 다양한 시도들이 일어나기를 기대합니다. 자신의 존재 목적과 방식조차 잃어버리고 방황하는 한국 교회와 그리스도인들에게 한 줄기 희망의 빛이 되었으면 하는 바람입니다. 이 작은 책이 교회됨과 그리스도인됨을 회복하는 계기가 되길 간절히 소망합니다.

물 많은 강 아래 동네, 강일에서
2023년 2월

김승환

1장

내러티브
이야기를 가진 존재들

'내가 누구인지' 자아를 찾아가는 여정은 과거의 이야기를 기억해 내는 것과 닮아 있습니다. 유년 시절 살았던 동네 골목길에서 친구들과 신나게 딱지치기하고 공을 찼던 기억. 학창 시절 밤늦도록 학교 독서실에서 야간 자율학습을 하며 꿈을 키워 갔던 그 시절의 기억. 교회 여름 수련회 때, 산 깊숙한 어느 기도원에서 뜨겁게 찬양하고 눈물로 기도했던 기억. 이런저런 기억들이 하나둘 모여 오늘의 '자기-되기'를 이룹니다. 인간의 기억은 이야기 구조를 취하고 있습니다. 그 이야기는 특정한 '공간'과 '시간' 그리고 함께했던 '사람'들과의 얽힘과 섞임으로 짜입니다. 다시 말해 나를 형성하는 정체성은, 나의 기억, 그리고 기억들이 깊은 관계 안에서 맺고 있는 자기 연속성과 반복성의 결과입니다. 과거로부터 흘러온 동일반복의 기억이 곧 우리가 누구인지 말해 줍니다. 물론 기억은 기억하고자 하는 이의 의도에 따라 재설정되기도 하지만, 허황되고 과장된 기억으로 포장된 자아는 진정성 면에서 이미 실패하고 맙니다. 자아를 구성하는 이야기는 친밀한 이들과 공동체를 거치면서 검증된 것이기에 조작될수록 생명력을 잃게 마련입니다.

오늘날 교회가 잃어버린 기억은 무엇일까요? 그리스도인이 세상에서 자아를 상실한 채 방황하는 이유가 무엇일까요? 왜 우리는 세상의 성공 스토리와 흥행 소식을 부러워할까요? 교회가 잃어버린 것은 떠나간 성도들이 아닙니다. 각종 여론과 설문 조사에서 발표된 사회적인 영향력과 신뢰도가 아닙니다. 교회가 잃어버린 것은, 교회를 구성하는 핵심, 곧 '예수님의 이야기'입니다. 우리네 교회는 역사의 한복판에서, 구체적인 장소에서 하나님 나라를 꿈꾸며 살아갔던 '교회됨의 이야기'를 잃어버렸습니다. 형식적인 종교의 틀을 벗고 로마의 제국주의 억압에서도 수많은 무리에게 하나님의 복음을 선포하며 그분의 자녀로서 살아갔던 '삶의 총화로서의 이야기'가 있었습니다. 그런데 오늘날 교회는 수천 년 동안 생명력을 선사했던 예수님의 이야기를 유물처럼 교회의 벽장에 전시하고 있습니다.

'예수님의 이야기'는 탈교회와 탈신앙의 시대에 다시금

교회의 심장을 뛰게 할 출발점입니다. 오늘날 우리에게는 번영 신학과 성공 신화에 갇힌 복음의 외피를 벗겨 내고 그 속살을 들춰내는 예수님의 체취가 묻어 있는 살아 있는 이야기가 필요합니다. 우리의 이야기는 교묘하게 세상의 이야기와 닮아 있습니다. 아브라함이 멜기세덱에게 바쳤던 십일조는 어느새 십일조를 많이 바쳐 성공했다던 미국 아무개의 이야기가 되었고, 나라를 잘 이끌기 위해 어린 솔로몬이 드렸던 일천번제는 천 일 동안 헌금을 내서 복을 받았다는 어느 권사님 이야기가 되었습니다. 거대한 여리고성 전투를 치르면서 성을 돌았던 백성들의 이야기는 누군가를 증오하며 그를 무너뜨리기 위해 땅 밟기를 했다던 어느 성도님의 이야기가 되었습니다.

점을 치듯 주술적 복음으로 변질된 이야기에서 우리는 무엇을 찾을 수 있을까요? 오늘날 우리는 어떤 이야기 속에서 살아가고 있을까요? 우리가 붙잡고 있는 이야기의 주인공은 누구일까요? 그 주인공이 맞이하는 해피엔딩의 결말은 예수님을 따라 닮아 가는 복음의 길일까요? 우리에게는 새로운 이야기가 필요한 것이 아닙니다. 2천 년 동안 교회의 기억과 정체성을 이뤄 왔던 예수님의 삶의 이야기로 충분합니다. 그것이 바로 우리가 누구인지, 무엇을 향해 살아가야 하는지를 보여 주는 핵심이 됩니다. 과연 우리의 기억은 무엇으로 구성되어 있을까요?

당신은 어떤 이야기의 일부인가

알래스데어 매킨타이어는 《덕의 상실》에서 '우리가 무엇을 해야 하는가'를 묻기 위해서는 '**우리가 어떤 이야기의 일부인가**'를 물어야 한다고 말합니다.[1] 인간이 누구인지 설명하는 여러 가지 방식이 있지만, 매킨타이어는 인간은 하나의 '서사적 존재', 즉 특정한 이야기를 공유하고 그것으로 자신의 정체성을 삼는 존재로 이해합니다. 다시 말해, **인간이 된다는 것은 어떤 이야기의 일부가 되는 것입니다**. 거대한 서사의 등장인물들과 자신을 연결할 때 인간은 비로소 한 사회의 구성원이 되는 동시에 자신과 타인을 바라볼 수 있는 세계관을 갖게 됩니다. 우리는 누군가와 대화하면서 자신이 살아온 인생 스토리를 들을 때 금세 공감하고 귀를 기울이게 됩니다. 물론 그 이야기의 진위를 가려야 하지만 그의 진정성을 믿고 그 이야기를 신뢰하다 보면 어느새 좋은 친구가 되어 있습니다. 이야기는 화자와 청자 사이에 이해와 공감을 일으키는 데 탁월합니다. 기-승-전-결로 흘러가는 한 사람의 내러티브는 한 편의 영화처럼 펼쳐지면서 듣는 이들의 기억 속에 오래 남게 됩니다. 그렇다면 우리는 어떤 이야기를 들려주어야 할까요? 자신을 소개할 때 꺼내놓을 수 있는 이야기가 있나요?

교회의 내러티브를 강조하는 스탠리 하우어워스는 "큰 뇌를 가진 사람을 두 명 안다"라고 종종 말했는데, 바로 존 하워드 요더와 알래스데어 매킨타이어입니다.[2] 하우어워스는 예일 대학에서 박사학위를 마쳤지만, 이 두 거인을 통해 그의 학문적 성취를 더해 갔습니다. 그는 매킨타이어를 따라, 인간을 칸트식의 합리적 이성을 지닌 자율적 존재로 여기는 근대적 방식을 거부합니다. 도덕적 행위자agent로서 인간은 합리적인 사고와 판단을 통해 올바른 삶을 살아가는 것이 아니라, 어릴 때부터 자연스럽게 습득한 '덕과 성품'을 통하여 무의식적으로 행동하고 판단한다고 봅니다. 그러한 덕과 성품은 그 공동체가 오랫동안 간직해 온 이야기와 전통, 예전liturgy 안에 깃들어 있습니다. 한 인간이 도덕적이라는 것은 내면에 그 사람을 움직이는 거대한 이야기가 있다는 것과 같습니다. 그렇기에 앞서 언급한 대로 인간으로 살아가는 것은 어떤 이야기의 일부로 살아감을 의미합니다. 스탠리 하우어워스를 이해하려면 그의 신학 방법론을 이루는 내러티브를 이해해야 합니다.

> 따라서 그분, 예수의 이야기를 배우지 않고는 하나님 나라를 이해할 길이 없다. 예수 이야기는 하나님의 통치 방식을 증거하며 그에 상응하는 세상과 사회를 만들어 내는 방식을 규정짓는다.[3]

내러티브가 신학의 중심이 되어야 하는 이유는 크게 세 가지입니다. 첫째, 내러티브는 인간이 의존적인 존재라는 사실을 자각하게 하며, 둘째, 내러티브는 역사적 존재로서 자기 인식을 가능케 하고, 마지막으로 하나님이 이스라엘의 역사와 예수님의 생애 안에서 내러티브 형식으로 자신을 계시하셨기 때문입니다.[4] 하우어워스는 《교회됨》에서 내러티브가 지니는 공동체의 특징을 잘 포착합니다. 동일한 이야기를 공유하는 이들은 동일한 공동체와 사회를 형성하며, 비슷한 의식의 흐름과 가치관을 가지고 살아갑니다. 교회 공동체는 '신실한 내러티브'를 중심 이야기로 하면서 세상과 전혀 다른 이야기를 자신의 것으로 삼습니다. 이야기는 구성원들의 동질감을 만들어 내고, 새로운 사회를 향한 비전과 열망을 표출합니다. 그렇다면, 교회의 이야기는 무엇을 중심으로 할까요? 이미 눈치 챘겠지만 바로 '예수님의 이야기'입니다. **다시 말하지만, 교회의 이야기가 아닙니다. 예수님의 이야기입니다.** 자신의 교회에서 예수님의 이야기보다 더 많이 들려지고 호응을 얻고 있는 이야기가 있다면 그 교회는 이미 실패한 것과 다름없습니다.

교회 공동체가 독특한 것은, 그들이 소중히 여기는 내러티브가 세상의 것과 전혀 다르기 때문입니다. 구약과 신약을 통해 구축한 하나의 거대한 이야기는 예수 그리스도를 중심으로 하는 '이미'와 '아직' 사이의 종말론적 구원 내러티브입니다. 구원의 이야기는 과거의 사건으로 박제화되지 않습니다. 그것은 오랫동안 이스라엘 민족의 정체성을 형성하는 동시에 오늘날 교회를 통하여 그리스도인들이 공유하는 생생한 이야기이기도 합니다. 동시에 모두를 향해 열려 있는 미래의 이야기입니다. 쇠락해 가는 교회를 일으키기 위해 우리가 다시 출발해야 하는 지점을 찾는다면, 우리가 어떤 이야기에 매력을 느끼고, 어떤 이야기를 전하는 것에 즐거워하는지 생각해 볼 필요가 있습니다. **당신은 사람들 앞에서 행복한 얼굴로 전할 수 있는 어떤 이야기를 가지고 있습니까? 앵무새처럼 달달 외운 교리 이야기가 아니라, 나의 삶을 바꾸고 존재를 변화시킨 복음의 이야기가 있습니까? 그런 이야기가 없다면 우리는 누군가를 설득하고 회개의 자리로 이끌 수 없을 것입니다.**

유대 민족이 2천 년 동안 나라를 잃고 흩어져 있으면서도 자신들의 뿌리를 잃지 않았던 것은 안식일 식탁에서 들었던 출애굽의 유월절 이야기와 바벨론 포로 시대의 에스더 이야기가 그들에게 여전히 살아 있었기 때문입니다. 식탁에서 가족에게 들려준 이야기는 그 가족의 정체성을 형성하며 자녀들의 내면 깊숙한 곳에서 살아 숨 쉬게 됩니다. 내가 살아온 이야기가 곧 나인 것처럼, 한 가족이 지켜온 선조들의 경험과 의식이 곧 그들의 전부입니다. 교회 공동체도 마찬가지입니다. **새로운 이야기가 우리를 새롭게 하는 것이 아니라 오랫동안 흘러온 성경의 이야기가 우리의 공동체를 새롭게 합니다.** 성경을 잘 이해하기 위해 새로운 해석법이 필요한 것이 아닙니다. 그것은 예수님의 삶을 통해 드러난 하나님의 신실한 기억을 자신의 존재 이유로 삼는 공동체를 통해서만 바르게 해석될 수 있습니다. 예수님에 관한 바른 기억과 해석은 교회 공동체의 정치적 책무이기도 합니다.[5] 예수님을 올바르게 기억하는 공동체가 존재하지 않는다면, 우리는 변화를 위해 그 어떠한 토대도 가질 수 없습니다.

로완 윌리엄스는 《인간이 된다는 것》에서 "인간의 의식에는 자리(공간)가 있고, 그 자리는 관계적인 내러티브로 구성된다"라고 했습니다.[6] 인간이 무엇인가를 의식하는 것은 과거와 공동체와의 긴밀한 관계 안에서 해석된 자아를 형성했다는 의미입니다. 하지만 현대인들은 이야기를 잃어버린 채 살아갑니다. 이야기의 뿌리라고 할 수 있는 공동체의 상실은 곧 삶의 토대 상실로 이어져 삶의 불안정한 요인이 됩니다. 따라서 내러티브를 상실한 우리는 자신을 다른 방식으로 규정하려 합니다. 출신지, 학력, 직업, 재산, 인맥 등 자신을 둘러싼 허울 좋은 외피에 관심을 둡니다. 그러나 공동체와 무관한 오늘의 자아 해석이란 존재할 수 없습니다. 한 개인의 정체성은 공동체와 타자들 사이에서 끊임없는 대화를 통해 앞으로 나아갑니다. 홀로 태어나서 홀로 먹고 자라며 홀로 성장하는 인간이란 존재할 수 없습니다. 인간이 되는 것은 내러티브적인 존재, 다시 말하면 수많은 존재와 기억들과의 관계적이며 인격적인 연결을 통해 공동으로 존재하는 것입니다. 그렇다면 우리를 구성하고 있는 이야기가 진정으로 무엇인지 살펴보아야 하지 않을까요?

하우어워스는 예일 대학에서 공부하면서 한스 프라이 Hans W. Frei를 통해 내러티브 신학이 자신이 회복하려고 했던 성품과 덕을 강조하는 입장과 유사할 수 있음을 깨달았습니다. 그리고 제임스 거스탑슨에게서 아리스토텔레스와 아퀴나스의 덕에 관한 수업을 들으면서 박사학위 논문인 "성품과 그리스도인의 삶Character and the Christian Life"으로 연결시킵니다.[7] 이후에 하우어워스는 알래스데어 매킨타이어를 통해 덕 윤리와 내러티브에 관한 학문적인 토대를 강화합니다. 그는 매킨타이어의 《덕의 상실》을 "세상을 바꾸어 놓은 책"이라고 평가했습니다. 세속화 이후 합리적 이성을 자신의 뿌리로 착각하고 살아가는 인간은 결국 뿌리를 잃어버린 나무처럼 점점 말라 가는 존재일 수밖에 없습니다. 하우어워스는 인간의 이성과 삶을 이해하는 데에 내러티브가 필수적이라 생각했고, 내러티브와 덕을 기초로 하는 새로운 윤리를 제안합니다. 그 결과물 중의 하나가 《평화의 나라》입니다.[8]

공동체의 내러티브는 단순히 이야기가 아닙니다. 내러티브는 인간의 자아됨과 공동체성을 깨닫게 하는 동시에, 그 이야기를 둘러싼 수많은 타자와의 관계 안에서 덕스러운 삶을 살도록 안내합니다. 오랜 시간 동안 보존된 이야기는 그 자체로서 힘을 지닙니다. 청자와 독자들을 설득시킬 뿐 아니라, 그 이야기의 세계 안으로 우리를 초청합니다. 우리는 이야기에 등장하는 인물들을 보면서, 어떤 주인공은 이상적인 인물로 동경하고 어떤 주인공은 거부하면서 우리 인격을 형성하는 지렛대로 삼습니다. 더 나아가 내러티브를 통하여 우리는 세상 그리고 다른 수많은 피조물과의 관계 안에 있는 의존적인 존재라는 사실을 깨닫게 됩니다. 특히 예수님의 이야기는 우리가 예수님에게 의존하고 있을 뿐 아니라 교회와 그리스도인들이 예수님의 이야기를 통하여 서로가 누구인지를 알게 하고, 동일한 정체성으로 연결합니다. 그 사람이 누구인지 알고 싶다면, 그를 형성하고 있는 이야기가 무엇인지, 그의 입을 통하여 자주 고백되는 진실한 이야기가 무엇인지 살펴보십시오. 그가 이야기는 하는 것이 곧 그 사람입니다.

내러티브의 정치성

이야기는 그 자체로 영향력을 갖습니다. 한 개인과 공동체를 통하여 전달되는 이야기는 사회질서와 문화구조를 형성합니다. 그리고 이야기에는 질긴 생명력이 있습니다. 수 세대를 걸쳐 전달되며 재생되는 이야기는 살아 숨 쉬는 생물과 같습니다. 인간의 기억 저편에, 잊힐 뻔하다가도 다시 생각나는 의식의 무엇이기도 합니다. 이야기는 또한 그 자체로 정치적입니다. 한 사회의 정치적 근간인 윤리적 토대와 공통의 정서를 형성하기에 이야기는 정치의 출발점이기도 합니다. 만약 우리가 전파하는 예수님 이야기의 정치적 의의를 주장하려면 기독교의 확신과 신념이 내러티브 구조를 지닌다는 사실을 인정해야 합니다. 왜냐하면 예수님의 이야기를 정치와 윤리의 중심으로 세우지 않는다면, 복음의 사회윤리는 그 정체성을 상실하기 때문입니다.[9] 우리가 누구인지를 가장 잘 보여줄 수 있는 것은 우리가 어떤 이야기를 실천하는 사람인지에 달려 있습니다. 다시 말해 그리스도인들이 어떤 삶을 살아야 하는지, 그 삶이 사회 속에서 어떤 차별성을 갖는지는 우리가 실천하는 행위에 달려 있는 것 같지만, 사실 그 실천을 가능하게 하는 이야기에 달려 있습니다. 우리가 아무리 이웃을 돕고, 환경을 보호하는 일에 참여하고, 광장에서 다양한 정치적 구호를 외친다고 하더라도 그것이 예수님의 이야기와 무관하다면, 만약 개인의 감정과 맹목적인 군중심리를 따르는 것이라면, 어떠한 선한 행실로도 교회됨을 이룰 수 없습니다. 정치적 행위의 가치와 의미를 찾기 위해서는 그 중심에 있는 이야기가 무엇인지 살펴보아야 합니다.

교회는 예수님의 이야기를 기초로 하기 때문에 다른 정치적 내러티브로는 알 수 없는 풍요로움을 지닙니다. 그리스도인은 예수님이 구원자이심을 증언하는 삶의 행위를 통하여 자신의 차별성을 가시적으로 드러내야 합니다. 동시에 자신이 믿고 따르는 예수님에 관한 이야기로부터 생명의 자양분을 공급받기에 삶의 열매는 세상을 향한 증언을 통해 나타나야 합니다. 우리는 그분의 이야기를 살아 내는 제자가 될 때, 비로소 하나님 나라에 기여할 수 있다는 확신을 얻게 됩니다.[10] **또한 우리는 예수님의 이야기를 함께 공유하는 다른 타자를 하나님 나라의 동료로 받아들입니다.** 삶의 경험과 문화가 달라도 같은 이야기를 공감할 수 있을 때 우리는 친밀함을 느낍니다. 그리스도인은 그분의 이야기로 세상을 해석하고 판단합니다. 그리스도인이 세상에서 실천하는 이웃의 환대와 관용은 예수님의 삶을 닮으려는 것이지, 세속의 자유주의에서 말하는 정의와 평등의 가치를 따르는 것이 아닙니다. 오히려 그 반대입니다. 동일한 환대의 행위라 하더라도 그리스도인의 행동 깊은 곳에는 예수님의 내러티브가 감추어져 있습니다.

그렇다고 내러티브를 통해 우리만의 정당성을 주장하려는 것은 아닙니다. 하우어워스가 내러티브를 사용하는 것은 그리스도인의 도덕적 삶을 가장 잘 설명할 수 있는 구조를 지니기 때문입니다. 내러티브는 그가 발전시키려 했던 다양한 주제의 상호관계를 명료하게 하는 데 도움이 되는 방법론입니다.[11] 내러티브는 우리가 세상을 어떻게 바라보아야 하는지를 안내하며 그 세상을 설명하여 이해시키는 데 탁월합니다. 더 나아가 우리와 타자를 공유된 이야기 안에서 인식시키고 서로가 어떻게 연결되어 있는지를 깨닫게 해줍니다.[12] 하우어워스가 내러티브를 붙잡는 것은 이야기 자체가 갖는 설득력과 정당성에 의존하려 하는 것이 아니라, 예수님의 이야기를 통해 교회 공동체와 그리스도인의 관계, 더 나아가 교회와 세상의 관계를 설명하기에 적합하기 때문입니다.

> 기독교 신념에 담긴 윤리적 의의를 인식하고자 한다면, 삶의 내러티브적 본성부터 바르게 파악해야 한다. 내러티브의 중요성은 기독교 공동체의 주요 문서들이 내러티브 형식으로 기록되어 있다는 점에 근거가 있다. … [또한] 내러티브의 신학적 중요성을 강조하는 것은 성경의 형식에 대한 언급이라기보다 하나님의 본성, 자아, 그리고 세상의 본성에 대한 이해에 내러티브가 중요하다는 뜻이다.[13]

하우어워스가 추구하는 이야기의 정치성은 교회 그 자체를 향합니다. 공공신학자 맥스 스택하우스Max L. Stackhouse는 "교회가 사회에 특정한 에토스ethos를 제공해야 한다"라고 말하지만, 교회는 세상을 위해 존재하는 것이 아니라 자신의 이야기를 통해 세상에 정치적 대안으로 존재할 필요가 있습니다. 이 땅에서 온전한 공동체를 형성하고 실천하면서 다른 이야기로 살아가는 존재들에게 진실된 이야기를 들려주어야 합니다. 진리를 말하는 것은 자연스러운 행위입니다.[14] 어느 누구도 진리를 말할 때 위축되거나 두려워하지 않습니다. 진리는 자유함 그 자체입니다.

참된 진리를 잃어버린 채 살아가는 이들에게 그리스도의

제자들은 신실한 존재의 이야기를 들려줄 책임이 있습니다. 교회는 예수 그리스도 이야기를 통해 훈련된discipled 공동체이며, 교회의 일차적인 사명은 그 이야기를 보존하고 전승하는 것입니다. 하우어워스의 입장에서는 교회가 사회정의를 위한 소명이 있다고 하더라도 자유주의의 전제들을 아무런 성찰 없이 지지하고 실천하는 것은 바람직하지 않습니다. 교회는 세속의 정치를 형성하는 이야기들을 평가하고 대안으로서 새로운 패러다임을 제시해야 합니다.

새뮤얼 웰스는 하우어워스가 내러티브를 두 가지 관점에서 접근한다고 설명합니다. '위로부터의 내러티브narrative of above'와 '아래로부터의 내러티브narrative of below'입니다. 위로부터의 내러티브는 인간의 역사와는 구별되는 신실한 사람들을 세우는 진실된 이야기입니다. 하우어워스는 후기자유주의post-liberalism 입장에서 인간의 합리성을 거부하고 신적 자기 계시와 교회 전통을 강조하는 바르트의 입장을 따라 성경의 내러티브를 관찰합니다. 창조에서 종말까지 이어지는 성경의 이야기는 독특한 해석학적 공동체를 탄생시켰고 세속을 초월하는 관점에서 자아와 세상을 바라보게 합니다. 반대로 '아래로부터의 내러티브'는 성경의 역사 안에서 그리스도인의 자아를 형성하고 윤리적 삶을 살아가는 지침을 제공합니다. 그 이야기는 낯선 나그네로 이 땅을 살게 하며, 하나님의 선물로서 운명fate을 거슬러 목적destiny을 향한 삶을 선택

하게 합니다.[15]

성경의 내러티브는 개인의 성품을 형성시킬 뿐 아니라 그 이야기에 적합하게 공동체의 질서를 세워 갑니다. 유대인과 그리스도인들은 내러티브가 하나님의 성품에 참여하게 하며 그 성품에 적합한 사람이 되게 한다고 믿습니다. '성품'이란 하나님에 대한 이해로부터 추론되는 것이 아니라, 이야기 자체의 구조와 사건들에 의해 형성됩니다.[16] 신실한 내러티브가 정당한 정치성과 사회성을 가지기 위해서는 그것이 새로운 도전을 어떻게 감당하는지 살펴야 합니다. 최근에 논의되는 정의와 평화, 용서와 환대, 창조세계의 보전 등과 같은 이슈를 내러티브가 어떻게 해석하고 실천하는지를 들여다보아야 합니다. 영국의 공공신학자 던칸 포레스터는 《믿음, 가치 그리고 정치들 Beliefs, Values and Policies》에서 기독교의 사회적 공헌이 기독교만의 가치와 의미를 통한 형식을 취해야 한다고 주장합니다.[17] 자신의 독특성을 잃어버리고 사회적 연대와 참여를 지향하는 것은 자칫 세속주의로 물든 교회의 모습을 재현할 가능성이 있기 때문입니다.

하우어워스는 내러티브를 통해 성경의 중요성을 복원시키면서 사회적 이슈를 다루는 다른 방식의 전략을 찾기보다 예수님의 이야기 자체가 전하는 신실한 공동체 되기에 집중합니다. 그리스도인들의 도덕적 행위는 단순히 사회의 규칙과 질서를 따르는 순종적인 행위가 아닙니다. 우리가 지닌 이야기를 통해 우리가 어떤 존재인지를 드러내고 그 이야기에 충실하려는 행위입니다.[18] **예수님의 이야기를 보십시오. 처음부터 끝까지 정치적이었습니다. 그분의 삶과 죽음 역시 정치적이었습니다.**[19] 다시 말하지만, 교회의 정치성은 예수님의 이야기와 전통에 의존합니다. 공동체의 정치란 공동체의 삶을 이해하고 확대시키는 다양한 가능성에 관한 공동체 내부의 대화이자 실천입니다. 신실한 이야기로 살아가는 구성원들 간의 토론은 공동체의 공동 요구를 진실하게 발견하는 수단이 됩니다. 만약 공동체의 토론이 자기 전통의 권위에 의존하지 않는다면, 공동체 자신 혹은 세상에 관한 진실에 가까이 다가설 수 있는 토대를 잃어버릴지 모릅니다.[20] **우리의 정치적 행위의 정당성은 자유주의의 가치와 목적을 달성함으로 인정받는 것이 아니라, 얼마나 예수님의 이야기에 신실하게 부합하는지에 달려 있습니다.**

공동체적 성경 해석과 실천적 묵상

성경의 이야기는 반드시 해석을 요구합니다. 물론 성경은 그 자체로 권위를 가지며, 성경이 성경을 통해 해석하도록 하는 것이 바람직하나 결국 인간의 해석 작업을 통과하게 됩니다. 해석자가 성경의 이야기를 어떻게 바라보는지에 따라, 다시 말해 예수님을 승리의 주로 고백하는지 아니면 십자가에서 보여 준 한없이 연약한 인간으로 고백하는지에 따라 성경은 전혀 다른 세계로 우리를 안내합니다. **그러기에 성경 해석은 어떤 원리와 법칙에 의한 것이 아니라 공동체의 전통에 따라 읽는 이들의 상상력과 실천이 필요한 행위입니다.** 물론 자의적인 해석을 경계하기 위해 공동체의 전통과 신학의 안내가 필요하지만, 그 안에 머물러 있을 필요는 없습니다. 해석학적 상상력은 자유롭게 떠다니는 무엇이 아니라, 공동체라는 도덕적 실재를 통해 매개된 그대로를 기억하고 이해하는 능력을 말합니다. 교회는 성경이라는 수단을 가지고 자체의 기억을 끊임없이 점검하면서 변화하는 시대적 흐름을 재해석해 나갑니다. 그래서 성경의 한 부분만 사용하는 데 만족할 수 없고 전체 텍스트와 날마다 씨름해야 합니다. 교회가 들려주고 구현해야 하는 이야기는 다층적이고 다의적인 이야기이기 때문입니다.[21]

1993년 하우어워스는 듀크 대학 채플에서 "성경 해석: 왜 제자도가 필요한가The Interpretation of Scripture: Why Discipleship Is Required"라는 제목으로 설교한 적이 있습니다. 그는 하나님의 백성으로 어떻게 제자도를 실천할 것인지가 성경 해석에서 가장 중요하다면서 성경을 통해 새로운 교훈을 얻거나 신선한 관점을 깨우치려는 것을 비판했습니다.[22] 그가 성경에 접근하는 방식은 '공동체'와 '실천'입니다. 성경은 교회 공동체 안에서 막강한 권위를 지닙니다. 아니, 성경 자체가 권위의 원천입니다. 물론 성경을 해석할 수 있는 이들에게 과도하게 종교적 권위를 부여하면서 성직주의hierarchy를 유발할 필요는 없지만, 공동체의 덕과 행위의 원천적 권위를 갖는 성경 해석의 권위 그 자체를 부정할 필요는 없습니다. 하우어워스 입장에서 성경 해석은 크게 두 가지가 중심축인데, '그리스도 중심'과 '공동체 중심'입니다. 이 두 중심은 해석의 열쇠이며 동시에 실천의 핵심입니다. 예수로 읽고 예수로 살고, 공동체적으로 읽고 공동체가 함께 실천하는 것을 목표로 합니다.

이야기란 한 공동체가 오랫동안 유지해 온 전통이며, 행위의 지침이자 정체성의 뿌리입니다. 각각의 공동체는 저마다 독특한 역사 이야기를 공유하고 있습니다. 그들의 역사로부터 구성된 이야기는 공통된 지침과 행위의 기초가 되며, 공동체는 그것을 반복적으로 해석하고 실천하게 됩니다. 그렇다면 우리의 공동체가 해석하고 실천하는 예수님은 누구일까요? 우리의 이야기에서 예수님은 어떻게 묘사될까요? 우리가 고백하고 해석하는 예수님의 모습은 곧 우리 공동체의 열망과 같습니다. 예수님은 공동체의 모델이자, 완성형의 인격이며, 하나님 나라를 살아 낸 구체화된 인물입니다. 그러니 성경을 예수님의 빛으로 파악하는 것이 무엇보다도 중요합니다. 세속의 열망으로 성경을 들여다보는 것이 아니라, 그리스도 중심으로 살펴야 합니다. 만약 알맹이가 아닌 껍질과 포장지에 시선이 끌린다면 이미 성경 해석에 실패한 것입니다. 그렇기에 교회는 '공동체적 해석'이 필요합니다. 해석은 성경과 전통, 상황과 미래의 과제에 이르기까지 폭넓게 적용되기에 한두 사람에게 의존할 수 없습니다. '공동체적 해석'은 과거로부터 현재까지 이어져 온 공동체의 연속성을 유지하면서도 오늘날의 상황에 적절하게 반응하는 지속적인 조정 작업입니다.[23] 이런 의미에서 성경 해석의 권위를 소수의 신학자와 성직자에게 위임하는 최근의 교회 모습은 바람직하지 않습니다. 성경 해석을 위해 합리성을 바탕으로 하는 현대의 학문체계를 따른 전문적인 신학 훈련이 필요한 것은 사실이지만, 꼭 그것만이 전부는 아닙니다.

기독교는 성경의 이야기를 통해 세속사회에 더 나은 내러티브를 제공해야 합니다. 합리적 논거와 설득을 통한 새로운 변증이 아니라, 이야기 즉 진실한 서사가 지니는 그 자체의 힘을 통해 새로운 변증과 변혁을 시도해야 합니다. 이런 서사적 설득은 다른 존재론과 그들의 거짓된 서사들을 비판하는 대안적인 이야기가 되어야 합니다.[24] 성경 해석과 실천을 할 때 어떤 내러티브를 자신의 공동체 이야기로 받아들이느냐에 따라 공동체의 역사와 방향은 완전히 달라질 수 있습니다. 내러티브는 그 자체가 하나의 실천적 해석 형식을 요구합니다. 따라서 내러티브의 힘은 그 내러티브를 심화 발전시킬, 실천할 수 있는 공동체를 어떻게 만들어 낼 수 있는지에 달려 있습니다.[25] 성경 해석을 강력한 실천적 원리로 여기는 공동체라면 예수님의 이야기를 현실에서 구체적으로 적용하도록 구성원들을 안내할 것입니다.

성경을 선택적으로 활용하고 자의적으로 해석하려는 태도에는 세상에서 하나님 이야기를 온전히 전하는 사람이 아닌, 다른 그 무엇이 되려고 하는 잘못된 의도가 담겨 있습니다.[26] 또한 성경은 반드시 실천을 전제로 해석될 필요가 있습니다. 만약 성경을 하나의 교양서적과 자기 성찰의 영적 문서로 생각한다면, 예수님의 제자로 살도록 우리에게 보내어진 성경의 본래적 의도에서 한참이나 벗어나 있는 것입니다. 성경은 우리 마음을 위로하고 평안을 주기 위해 기록된 책이 아니라, 그 이야기를 현실에서 살아 내도록 요구하는 행동 지침서입니다.

인간, 서사적인 존재

스티븐 롱은 《탈진실의 사회에서 진실을 말하기 Truth Telling in a Post-Truth World》에서 현대인들이 객관적 사실을 하나의 진리 체계로 인식한다고 비판합니다. 우리를 자유하게 하는 진리는 신실함에 기초하는 것이 아니라, 통계와 수치를 중심으로 하는 정보들dates입니다. 자신을 누군가에게 소개할 때 우리는 나이, 신장, 재산, 학벌 등 갖가지 정보를 동원합니다. 하지만 스티븐 롱은 데이터는 사실을 말하는 것이 아니라 상황에 따라 달리 해석되고 평가받는다고 주장합니다.[27] 가령 나이만 하더라도 누군가와 비교해서 '많다, 적다'로 말할 수 있습니다. 하지만 진실은 그 나이가 곧 그 사람을 객관적으로 설명하는 데 절대적인 요소가 될 수 없다는 사실입니다.

인간은 데이터로 설명되지 않습니다. 우리는 이야기를 가진 존재입니다. 모든 인간은 특정한 이야기의 일부로 살아갑니다. 누구도 예외가 아닙니다. 한 존재가 되는 것은 자신만의 독립적인 영역을 구축하는 것이 아니라, 그를 형성시킨 한 공동체의 일원임을 기억하는 것입니다. 공동체를 떠난 자아가 독립적인 삶을 추구하는 것이 멋져 보여도 본래의 뿌리와 줄기를 상실한다면 불안한 토대에서 방황하는 존재일 수밖에 없습니다. 하우어워스가 생각하는 인간은 어떤 존재일까요? 이성적인 동물, 정치적인 동물로서 인간이 아니라 바로 '이야기를 지닌 존재 narrative self'입니다. 계몽화된 근현대 사회처럼 인간을 합리성만으로 설명하는 것은 위험한 일입니다. 합리성을 무기로 삼는 이들은 자신들의 확신이 진리라고 주장하면서 자신들과 유사한 신념을 갖지 않는 자들에게 자기 생각을 강요하거나 거절하는 이들을 배제합니다.[28] 오늘날 이성은 단순한 지식과 이해를 위한 통로가 아니라 권력의 도구로 작동해 타자를 억압하고 착취하는 도구가 될 수 있습니다. 미셸 푸코가 《감시와 처벌》(나남, 2020)에서 주장한 것처럼 현대사회에서 지식은 또 하나의 권력이자 진리입니다. 사람들을 데이터로 분류하고 증상과 유형에 따라 수치화하며 구획화하는 것은 인간을 비인간화하는 행위입니다. 우리 사회는 더 많은 지식을 가질수록 더 권위 있는 존재로 추앙합니다. "아는 것이 힘이다"라는 명제는 여전히 작동 중입니다. 이성의 체계로 완성된 보편적인 사회윤리가 모두의 행복과 번영을 가져다줄 수 있을 것처럼 보이지만, 실상은 지배적 패러다임을 강요하고 자신들의 규칙을 정당화할 뿐입니다.

우리는 자유주의의 전제처럼 인간을 합리적 동물, 이성적 사유가 가능한 독보적인 존재로 이해하는 데에 익숙합니다. 자율화된 개인주의 사회는 칸트의 이상에서 영감을 얻은 것처럼 보입니다.[29] 리처드 로티Richard Rorty의 주장처럼, 인간 자아의 중심에 진리를 좇아가는 이성이라 불리는 것이 있다면, 이성에 귀를 기울이고자 하는 사람은 누구나 진리로 나아갈 수 있다고 생각할 것입니다.[30] 하지만 그러한 진리는 '이성의 한계 안에 갇힌 진리'일 뿐입니다. 초월성에 근거한 가치와 의미를 지니기보다는 이해되고 설명될 수 있는 지식의 체계로 구성된 것입니다. 그런 사회는 인간의 합의로 진리를 만들거나 폐기하기에 진리는 하나의 상품이 되고 맙니다. 그렇다면 결국 진리는 인간 이성의 한 부분에 불과할 뿐입니다. 합리적 인간이 개인의 자유를 추구하는 것이 정당한 듯 보이지만, 그 출발은 사회와 공동체로부터 분리된 불안한 자아일 수밖에 없습니다. 우리가 잘 아는 것처럼, 누군가의 통제와 공동체의 합의에서 벗어난 자유는 탐욕적인 인간의 본능을 제어할 수 없습니다. 칸트 이후의 윤리학은 도덕을 역사의 공동체와 전통으로부터 분리시키려 했습니다. 합리적인 체계를 갖춘 보편적인 도덕만이 사람들 사이에서 갈등을 피하고 도덕적인 일치를 가져다줄 것이라고 생각했습니다.[31] 하지만 진리는 이성 그 이상의 것이며, 개인의 선택 유무를 한참이나 벗어나 있습니다. 우리가 진리의 내러티브를 가진 공동체로부터 사유를 시작하지 않는다면 이성은 누군가를 착취하고 혐오하는 수단이 되고 말 것입니다.

인간은 진리의 내러티브 안에서 자신을 인식할 수 있습니다. '나의 이야기'는 내가 살아온 삶의 자리, 즉 가정과 이웃, 공동체와 사회를 포함하는 관계적 총체입니다. 나의 이야기는 나를 보여 주는 동시에 나를 둘러싼 공동체를 보여 줍니다. 우리의 내러티브를 전달하는 그 자체로서 이야기는 곧 해석자이며 실천가입니다.[32] 이야기에는 그것이 지시하는 바를 넘어선 의미들의 합계가 자리합니다. 누군가를 위해서 자신의 목숨을 내어놓는 것, 손해를 감수하고 이웃을 품어 안는 것, 비효율적인 전쟁을 거부하고 나그네로 살아가는 것. 이런 것은 개인의 이익을 추구하는 현대사회의 전제들과 어울리지 않습니다. 기독교가 전하는 하나님과 세계의 관계에 관한 내러티브는 우리가 연약한 존재이며, 하나님의 피조물로서 의존적이라는 사실을 깨닫게 합니다. 예수님의 이야기 안에서 발견되는 하나님은 모든 존재의 근원으로서 이야기를 전달하시는 창조주이고, 이야기의 작가이자 연출가로서 모두를 그 무대에 초청합니다.

그리스도인은 이 이야기를 듣는 사람이요, 그것을 모두의 구원 이야기로 다른 사람에게 들려주는 사람입니다.[33] 그리스도인은 자신이 온전한 이야기의 일부임을 발견하고, 성경이 말하는 이 이야기들의 분명한 목적과 의도를 이해합니다. 그리스도인들은 이 이야기들을 무엇보다도 예전을 행하면서 경험합니다. 그분을 듣고, 보고, 느끼는 성만찬과 같은 의례와 공동체 식사는 오늘 여기에 계시는 예수님을 살아 있게 합니다. 교회는 공동체적인 실천을 거치면서 예수 이야기의 상상력을 더욱 풍성하게 경험하게 됩니다.

하우어워스는 인간의 행위가 그가 고백하는 이야기와 긴밀하게 연결되어 있다고 여겼습니다. 한 행위자로서 인간의 행동은 자기 안에 내재된 이야기가 형성한 성품을 통하여 구체화됩니다. 공동체가 지니는 내러티브를 소유한 행위자는 합리적인 판단과 계산을 통해 특정한 행위를 선택하는 것이 아니라, 이야기가 자연스럽게 형성한 성품의 자유함으로 살아갑니다.[34] 인간이 죄악된 성품을 갖는 것은 피조물이 갖는 제한된 능력의 범위를 넘어서려는 시도입니다. 인간이 자신을 이야기의 창조자로 잘못 인식하면서 스스로의 세계를 만들고 그 안에서 작동하는 새로운 이야기를 창조하려 듭니다.

인간의 근본적인 죄는 우리 스스로가 각자의 이야기를 만들어 내는 역사의 창조자이고 그 역사를 통해 스스로 행복과 번영을 추구할 수 있다고 가정한 결과입니다. 인간의 죄는 우리가 삶을 통제할 힘을 잃으면 아무것도 아닌 존재가 될 것이라는 두려움의 결과로 만들어진 성품입니다.[35]

월터 브루그만이 지적한 것처럼 우리 사회는 지배담론 아래서 다양한 내러티브들의 대결이 지속되고 있습니다. 이 대결은 치열하고 또 비열합니다.[36] 고대 이스라엘 사회에서는 '바로의 내러티브'와 '광야의 내러티브'가 대조를 이뤘습니다. 즉, 물질적 부족함을 극복하고자 인간을 노예로 삼는 사회와 부족한 광야에서 하나님이 주시는 은혜의 풍성함으로 살아가는 사회의 대결입니다. 우리는 '바로의 내러티브'에 익숙합니다. 끊임없는 노동과 생산에 올인해야 살 수 있는 사회에서 '만나와 메추라기'의 은혜가 일상이 되는 이야기는 그냥 성경에만 나올 뿐입니다. 확률적으로 희박할 뿐 아니라 이성적으로 이해되지 않는 이야기입니다. 거대한 국고성을 쌓아 올리고 자신의 힘과 제국의 위대함을 자랑했듯, 우리 사회를 지배하는 이야기는 더 많은 부와 명성을 쌓는 것이 선하다고 가르칩니다. 그런 사회에서 인간은 자발적인 노예로 살아갑니다. 무엇인가를 생산하고 업적을 내지 못한다면 쓸모없는 존재가 되어 버립니다. 이런 사회에서 인간은 기계와 별반 다르지 않습니다. 브루그만은 과거의 이스라엘과 오늘날을 비교하면서 현대사회를 움직이는 내러티브가 '바로의 것'과 별반 다르지 않다고 비판합니다. 우리에게는 이 사회를 바꿀 수 있는 새로운 내러티브가 필요합니다.

하지만 내러티브의 한계도 분명히 존재합니다. 가장 큰 약점은 내러티브를 통해 자신을 정당화하고 자신의 이야기를 최고의 이데올로기로 간주할 우려가 있다는 점입니다. 또한 다원화된 다양한 공동체와 신념이 마주할 경우, 특정한 이야기의 공동체들은 갈등을 유발시킬 가능성이 다분합니다. 자신과 자신이 속한 공동체의 특수한 이야기를 보편적으로 적용할 경우, 오해되거나 폭력화될 수도 있습니다.[37] 성경의 이야기는 완성된 결말 구조를 갖고 있지만, 그것은 모두를 이야기 안으로 참여시키는 특징이 있습니다. 때로는 다른 해석과 실천을 만나더라도 교회 공동체는 언제든지 대화할 준비가 되어 있습니다. 이야기는 언제나 해석과 재해석을 거치면서 새로운 시대적 언어로 전달되기 때문입니다.

이제 첫 장을 마무리하려고 합니다. 당신은 누구입니까? 당신은 무엇을 이야기하고 있습니까? 당신이 말하는 것이 바로 당신 자신이 어떤 존재인지를 보여 줍니다.

오늘날 교회와 그리스도인들이 다시 회복해야 할 이야기가 있다면 바로 '예수님의 이야기'입니다. 그 이야기는 각자의 삶 안에서 의미를 충만하게 하고, 잘못된 방향을 수정하며, 세속과는 전혀 다른 삶으로 우리를 인도할 것입니다. 우리에게 새로운 이야기가 필요한 것이 아니라 '뻔한 그 이야기'를 새롭게 해석하고 실천할 수 있는 지혜와 용기가 필요합니다. 그 '뻔한 이야기'가 우리를 변화시키고 살릴 수 있는 이야기임을 다시 고백하는 자세가 필요합니다. 하우어워스의 말처럼 구원받은 존재로 살아가는 이들은 사람들에게 의미 있는 이야기를 들려주고 그 이야기가 실존적인 존재로 드러날 수 있음을 보여 줍니다. 그렇다면 우리는 우리가 어떤 이야기의 일부인지를 다시 생각해야 합니다. 나를 지배하는 거짓된 세속 내러티브를 거부하고 우리를 새롭게 하는 예수님의 이야기로 가득 채워져야 합니다. 우리 교회들이 현대사회를 다스리는 세속의 지배적 내러티브를 거부하고 우리를 충만하게 하시고 새롭게 하시는 예수님의 이야기로 가득한 공동체를 꿈꿀 때, 과거의 이야기는 오늘날 생생히 재현되는 최신의 이야기가 될 것입니다.

2장

덕과 성품
한 인격이 된다는 것

우리는 곧 우리의 성품이다.[1]

참된 존재는 오직 자유로운 인격에서, 자유로이 사랑하는 인격에서 오는데, 즉 다른 인격들과의 친교 사건을 통해 자신의 존재, 자신의 정체성을 자유로이 단언하는 존재이다.[2]

하나님은 인격 그 자체입니다. 삼위일체 하나님의 인격은 그분의 존재를 통하여 우리에게 계시됩니다. 우리는 하나님을 볼 수도 만질 수도 없지만 그분의 사랑과 은총을 느끼며 그분의 현존을 경험합니다. 그분의 자비하심과 따스함을 경험함으로써 하나님의 신적 성품을 닮은 그분의 자녀로 살아갑니다. 삼위일체 하나님은 깊은 사랑의 인격 안에서 서로에게 자신을 내어 주고 품으면서 한 분의 하나님이 되십니다. 어쩌면 **존재한다는 것은 곧 하나의 인격으로 살아감을 의미합니다**. 인격은 존재를 벗어나지 않고 존재와 함께합니다. 마치 동전의 앞뒤와 같습니다. 존 지지울라스John Zizioulas는 인간이 죄로부터 구원받아 살아가는 것을 하나님의 인격적 삶을 살아 내는 것으로 확장시켰습니다. 왜냐하면 구원은 곧 인간 안에서 실현된 참된 인격성이기 때문입니다.[3]

인간의 타락은 참된 존재로부터의 분리인 동시에 그분의 신적 인격의 상실이기도 합니다. 로완 윌리엄스의 말처럼 구원받은 백성으로 살아가는 것은 "에덴에서 잃어버린 참된 인간 됨을 회복하는 것"이기도 합니다. 우리는 하나님의 인격으로서 이 땅에 오신 예수님의 삶을 통해 그분의 성품과 존재를 깨닫게 됩니다. 그리고 그분을 닮음으로써 인격적 존재로 변화될 수 있습니다. 예수님의 이야기를 신뢰하고 따르는 삶은 곧 그분이 펼치신 이야기의 등장인물이 되는 것이기도 합니다.

한 인격이 된다는 것

스탠리 하우어워스는 《덕과 성품》에서 그리스도인들에게 필요한 열네 가지 성품을 펼쳐 보입니다. 이 책은 그의 친구이자 동료 신학자인 새뮤얼 웰스의 아들 로리에게 보낸 편지를 모은 내용이죠. 웰스의 부탁으로 대부모godparents가 된 하우어워스는 아이가 자라면서 필요한 덕목들을 일 년에 한 편씩 편지로 써 보내면서 총 14편의 글로 남겼습니다. 14편의 편지는 그리스도인들에게 필요한 덕목들로 구성되어 있는데, 아리스토텔레스가 언급한 사추덕四樞德인 지혜, 정의, 절제, 용기에, 신학적인 덕인 믿음, 소망, 사랑을 포함한 일곱 가지 덕목과 그것에 반대되는 또 다른 일곱 가지 덕목을 더해서, 총 14가지 덕목을 다루고 있습니다. 이처럼 일 년에 한 가지씩 믿음의 성품을 훈련하고 갖추도록 노력하는 것도 좋은 신앙교육인 듯합니다. 2017년 1월 31일, 로리에게 쓰는 마지막 편지에서 하우어워스는 어른이 된다는 것을 이렇게 말합니다.

> 어른이 된다는 게 무엇인지 나도 잘 모르겠다. 일흔여섯이지만 내가 어른이 되었는지 아직도 확신이 서지 않아. 하지만 바른 성품의 소유자는 적어도 자신의 부르심에 합당한 존재가 된다는 의미 아닐까 싶다. 즉, 너는 성품이 좋은 삶이 얼마나 중요한지 발견해 나가고 있는 셈이지.[4]

어떤 삶이 올바른 삶인지, 어떤 삶이 더 많은 사람을 유익하게 하는 삶인지를 생각할 때, 하우어워스는 단연 '덕스러운 삶'이라고 말합니다. '올바름rightness'이 '무엇을 행동해야 하는지doing'에 관심을 둔다면, '덕스러움'은 '어떻게 존재해야 하는지being'를 고민합니다. 하우어워스의 관심은 행위보다 존재에 있습니다.

인간의 가치와 행복을 '최대 다수의 최대 행복'과 같이 공리주의적으로 접근할 때, 우리는 결과론적 입장에서 어떤 행동이 더 많은 이들에게 유익한지 계산할 것입니다. 하지만 삶의 행복과 가치는 계산기를 두드려서 알 수 있는 것이 아닙니다. 올바름을 효율적이고 경제적인 논리로 규정하는 것만큼 어리석은 행동이 없습니다. 무엇을 해야 할까를 고민하기에 앞서 우리는 어떤 존재가 되어야 하는지를 숙고할 필요가 있습니다. **그리스도인의 바른 행동은 바른 존재됨으로부터 출발합니다.**

하우어워스의 관심은 무엇이 선과 악인지 구분하는 데 있지 않습니다. 이 땅에 정의와 평화를 이루기 위해 더 효과적인 전략을 비교하며 선택하거나 성취하는 것도 아닙니다. 그는 그리스도인의 올바른 행동은 바로 자기 자신이 누구인지 아는 것에서 비롯된다고 봅니다.

리즐 반 질은 '정당한 법과 규칙' 안에서 선한 삶을 살아갈 수 있다는 현대사회의 잘못된 신념을 비판합니다. 공통의 목적과 행복을 토대로 구성된 사회 규칙이 대다수의 동의와 합의를 거쳤기에 어느 정도 정당성을 부여할 수 있겠지만, 그것이 하나의 고정된 진리로서 영원불변한 가치를 지닐 수는 없습니다.[5] 사회마다 합의를 통해 공유된 공동선은 인간의 이성과 본성에 기초하지 않습니다. 만약 그렇다면 그런 사회의 진리와 선은 상황에 따라 언제든지 변화 가능합니다. 당시로서는 최선의 선택이라고 생각할 수 있지만, '법과 규칙'이라는 껍질이 잘 정돈되었다고 하더라도 그 속의 내용물, 즉 인간의 선한 삶, 공동체의 관계성, 초월적 가치와 의미들을 완벽하게 보존할 수는 없습니다. 무엇이 선한 성품을 기르고 덕스러운 존재를 만들어 내는지 생각해 보아야 합니다.

현대사회를 보면 '법과 규칙'을 적용하는 과정에서 항상 오류를 범해 왔습니다. 인간 사회는 언제나 예외적인 상황을 만들어 냅니다. 그 규칙을 넘어서 존재하는 권력자의 이익이 작동될 때 규칙은 힘 있는 자들을 위한 기준이 되고 맙니다. 사회적 약자는 법의 테두리에 보호받지 못한 주변인이 되고 맙니다.

민주사회에서 법치주의는 크게 두 가지를 놓치고 있습니다. 첫째는 '옳음right'의 기준입니다. 한 사회에서 통용되는 법적인 옳음은 시대와 문화의 변화에 따라 변화가 가능하기에 법의 기준은 절대적일 수 없습니다. 둘째는 '행위자agent'에 대한 관심입니다. 규칙을 아무리 정교하게 짜놓는다고 하더라도 결국 그것을 지키고 살아가는 사람들에 대한 관심이 필요합니다. 민주시민의 교육을 통하여 공통의 규칙과 목적을 이해시키고 따르도록 안내할 수 있지만, 그들의 이해 수준과 사회문화적 경험에 따라 전혀 다른 해석과 실천을 가져올 수도 있습니다. 사람들이 합리적으로 판단하고 행동하는 듯 보이지만, 상당수는 그들의 이익과 욕망을 추구하며, 자신이 경험한 문화적 관습을 의지합니다. 사회에 작동하는 문화와 관습 이면에 있는 내러티브를 변화시키지 않고서는 새로운 공동체와 존재를 탄생시킬 수 없습니다.

오늘날 문화는 유행하는 정보에 지나치게 의존합니다. 빠르게 변화하는 시대에서 모든 것은 소비의 대상이 됩니다. 진리도 사고파는 시대에서 인간은 어떠한 고정점을 갖지 못한 채 불안한 존재로 살아갑니다. 진리의 토대를 상실한 인간은 가치판단을 잃어버렸습니다. 뉴스 기사로 보도되는 내용도 어느 정도 적당한 형식만 갖추면 그것을 거의 진짜로 인지합니다.[6] 그러나 진리 체계는 사실 the fact로만 구성되지 않습니다. 진리에는 진, 선, 미를 포함한 초월적 가치와 의미들로 충만합니다. 진리는 이성적인 작용과 함께 몸과 마음으로 느끼고 경험할 수 있으며, 그 깨달은 바가 우리의 지식과 습관에 상당한 영향을 미칩니다. 진리는 인생의 목적, 곧 '텔로스 telos'를 바꾸며 더 좋은 삶을 추구하도록 안내합니다. **진리는 모든 존재를 진리의 인격으로 살아가게 합니다. 그렇기에 진정한 삶의 목적과 의미를 깨닫고 그렇게 살아가기 위해서 덕 virtue과 성품 character이 필수적입니다.**

하우어워스가 강조하는 성품은 의식과 무의식이 동시에 작용하는 인간의 깊은 내면에 자리 잡은 습관화된 정향과 같습니다. 어떤 성품이 형성되면 인생의 대다수 결정을 그 성품에 따라 자연스럽게 내립니다. 또한 하루 속에 일어나는 수많은 행동을 의식적으로 또는 무의식적으로 일관된 방향을 가지고 결정하며 살아갑니다. 우리의 일상에서 합리적인 판단을 요구하는 문제들도 있지만, 대부분의 경우 정향화된 습관에 따릅니다. 그렇다고 '법과 규칙'이 무의미하다는 것은 아닙니다. 규칙도 정향화된 공동체적 습관과 태도로부터 구성되는 경우가 많습니다. **법과 규칙은 이성의 작용이지만 근본적으로는 공동체적 성품과 습관의 총체입니다. 인간은 그 공동체와 사회가 형성해 온 덕스러움을 자신의 것으로 인정하며 살아갑니다.**

공동체적 성품과 습관들을 배제한 채 법의 형식을 강조한다면, 방황하는 개인들 사이에서 공통성을 찾고 합의에 이르기란 불가능합니다. 인격과 성품은 타자와의 관계에서 윤활유와 같습니다. 날카로운 존재의 면들을 다듬고 따뜻한 마음으로 상대방에게 다가가도록 이끌며 자신을 넘어선 공동의 선한 가치를 붙잡게 합니다. 만약 우리 사회의 법과 규칙에만 의존한다면, 형식적인 합의로 만들어진 앙상한 공동체로 남을 뿐입니다. 몇몇 사람들이 가치 있는 일이라고 여겨도 개인의 동의와 이해가 뒤따르지 않는다면 공적인 가치는 허공에 떠 있는 무의한 것이 되고 맙니다. 법과 제도의 정비만으로는 부족합니다. 무엇이라 설명할 수 없는 모호함과 답답한 기준을 따를 때 우리는 의무적으로 행동해야 하는 수동적인 존재가 되고 맙니다. 우리의 관심은 행위자에게로 옮겨져야 합니다.

덕과 성품

하우어워스는 성품과 내러티브의 관계가 현대윤리학에서 거의 주목을 받지 못했다며 아쉬워합니다.[7] 우리는 로렌스 콜버그처럼 도덕의 발달 과정을 단계적으로 이해하거나 어떤 최종적인 목적지를 향한 것으로 오해하기에 도덕적인 원칙과 그에 따른 행위에 관심을 두는 경우가 많습니다. 하지만 덕과 성품은 특정한 도덕적 원리를 배운다고 형성되지 않습니다. 하우어워스는 아리스토텔레스의 말을 인용하며, "**덕을 배운다고 해서 덕스러워지는 것이 아니라, 덕은 실천을 통해서 얻게 된다**"라고 주장합니다.[8] '성품'이라고 번역한 캐릭터character의 어원은 그리스어 카락테르 *charakter*인데, 이것은 조각 도구 또는 어떤 사람이 만든 독특한 표시를 의미합니다. 카락테르로 인하여 이 물건이 누구의 소유물인지 알 수 있는 것처럼 우리가 지니는 성품은 곧 우리의 존재가 누구의 소유인지를 보여주는 결정적인 표시라 할 수 있습니다.[9] 덕스러움은 인간의 삶을 풍성하게 살아가게 하는 데 필수적이며, 올바른 것을 끊임없이 고민하며 그런 지혜를 얻고 실천할 수 있도록 인도합니다.[10] 삶의 지혜로 습득되는 덕스러움이 곧 인격을 형성하고, 그것이 반복될 때 하나의 습관처럼 그 사람의 존재를 규정합니다. 토마스 아퀴나스 역시 '완전한 덕'만이 자아의 통일성을 확보해 준다고 인식했습니다. 선한 행위를 잘 행할 수 있도록 이끌어 주는 좋은 습관으로서 덕스러움은 그 공동체가 바라는 이상적인 인간 존재를 지향하는 동시에 인간의 '자기-되기'를 지속할 수 있는 원동력이 됩니다.

여기에서 중요한 것은 우리가 무엇을 덕으로 삼을까에 있습니다. 그것은 그 사회와 이야기가 상정하고 있는 목표와 목적, 즉 '텔로스'와 관계가 깊습니다. 우리의 삶이 어떤 특정한 텔로스를 지향하는 경우라면, 특정한 방향을 향하도록 우리가 인도받고 있다면, 무엇이 좋은 덕이고 나쁜 덕인지 결정하는 텔로스를 반드시 이해해야 합니다.

덕이 무엇일까요? 덕은 그 사회가 가장 탁월하게 여기는 것과 관련이 있습니다. 덕은 그 존재와 대상의 텔로스에 다가가도록 하는 추동입니다. 텔로스는 우리가 가장 좋은 덕을 향하도록 인도하기에 그 목적을 명확히 이해할 때 비로소 우리는 어떤 인간으로서 기능을 하게 됩니다.[11] 그리스어로 '덕 *arete*'은 기능을 잘 수행하게 해주는 원인을 뜻합니다. 아레테는 기능을 최대한 발휘하게 해주는 능력을 지칭하는 것으로 일종의 '탁월함'과 같습니다. 눈의 '덕'은 보는 것이고, 칼의 '덕'은 자르는 것이며, 말馬의 '덕'은 달리는 것입니다. 이런 의미에서 인간의 덕은 인간으로서 기능을 충만하게 하는 무엇

이라 할 수 있습니다.[12]

다시 설명하자면, 피아노의 텔로스는 좋은 아니 정확한 소리를 내는 것입니다. 피아노의 연주는 피아니스트가 담당하지만 그것은 사용자의 역할일 뿐, 피아노의 텔로스는 정확한 음계에 맞는 소리를 내는 것이며 이것이 바로 덕스러움입니다. 하지만 아리스토텔레스가 언급한 텔로스는 자연주의 naturalism를 따릅니다. 동물적 본능과 본성을 따르는 것을 덕의 목적으로 삼는다면, 그것은 서로의 생존을 위해 갈등을 야기할 뿐입니다. 또한 그것을 좋은 성품으로 인식하는 것은 앞뒤가 맞지 않는 이야기가 될 수 있습니다. 어쩌면 이것은 죄악된 본성이라 할 수 있습니다. "내가 원하는 바 선은 행하지 아니하고 도리어 원하지 아니하는 바 악을 행하는도다"(롬 7:19)라는 바울의 고백처럼 죄의 습성을 따르려는 본래적 습성이 우리에게 자리합니다.

그렇다면 그리스도인의 텔로스는 무엇일까요? 그리스도인의 텔로스는 예수님을 닮고 모방imitate하고, 그의 자취를 기억하며 실천하는 것입니다. 이 땅에서 그분을 왕으로 예배하며 섬기는 백성의 삶을 사는 것입니다. 그 나라의 백성들은 예수님을 닮은 성품의 존재들입니다. 하지만 오늘날 그리스도인들은 다른 텔로스를 목적으로 삼아 그것에 충실한 덕스러움을 실천하려 합니다. 욕망의 덕, 출세의 덕, 성공의 덕을 따르는 세상의 신실한 제자로 살기를 자처합니다. 오늘날 우리가 방황하는 것은, 어떤 텔로스에 맞춰 살아야 할지를 혼동하기 때문입니다.

제임스 스미스는 《습관이 영성이다》에서 '덕을 좋은 도덕적 습관'으로 설명합니다. 좋은 도덕적 습관은 선을 지향하는 내적 성향과 같습니다. 덕이란 사람됨의 일부를 이루는 성품으로, 덕을 갖춘 사람일수록 선을 지향하는 내적 성향을 더 많이 갖추게 됩니다.[13] 덕스러움은 지적인 훈련과 배움을 통해서 형성되는 것이 아니라 모방을 통해서 얻게 됩니다. "내가 그리스도를 본받는 자가 된 것같이 나를 본받는 자가 되라"(고전 11:1)는 바울의 말처럼 좋은 스승과 대상을 반복적으로 따라 함으로써 성품은 형성됩니다.

하우어워스는 세속사회가 덕스러운 인격적 존재를 세우는 데 실패할 수밖에 없다고 주장합니다. 그는 아우구스티누스를 언급하면서 교회가 없는 사회는 덕에 관한 어떠한 개념도 갖지 못할 뿐 아니라 그런 사회는 거짓된 연합과 안정성을 부여하는 대중적 열망에 기댄 덕만을 의지할 뿐이라고 비판합니다. 만약 세속사회에 덕이 존재한다면, 그것은 세속화된 덕 곧 욕망의 흐름을 따르는 악덕 vice입니다. 그것은 기득권의 질서에 연합하여 힘의 질서가 안정적으로 운영되도록 하는 대중의 영광과 명성으로 포장된 덕입니다.[14] 물론 사회도 나름의 가치를 따라 여러 규칙을 만들고 시민들의 삶을 윤리적으로 이끌기 위해 노력해 왔습니다. 하지만 플라톤과 아리스토텔레스조차도 사회적인 규칙은 덕스러움에 비해 상대적으로 부차적인 것이라 여겼습니다. '덕'이 우리를 그 참된 목적인 인간의 선으로 이끌어 주는 데 비해 '규칙'은 사회의 평화와 생존을 보장하는 데 필요한 것이 무엇인지에 관한 합의에 해당하기에, 그 범위 안에서만 도덕적 기초를 제공한다고 볼 수 있습니다.[15] 칸트의 주장처럼 '규칙'은 모든 이성적인 존재들이 자신의 목적과 무관하게 준수해야 하는 필수 행동입니다. 때로는 강요되고 강제되면서 사회의 억압 도구로 작동할 수 있으며, 실제로 현대사회는 수많은 규정으로 사람들을 옭아매는 감시사회panopticon를 구축하기도 합니다. 그렇다고 규칙을 거부하자는 말이 아니라 규칙의 역할은 결국 수동적인 인간과 사회를 만드는 것임을 간과하지 말자는 주장입니다.

하우어워스는 성품이 공동체와 그 공동체가 지니는 내러티브로부터 형성된다고 말합니다. 특히 그리스도인들이 따르는 예수님의 이야기는 그리스도인으로 하여금 예수님을 닮은 성품의 사람으로 세워 갑니다. 성경의 하나님은 '이야기를 통해 알려진 하나님'입니다. 우리가 이 하나님을 알 수 있는 것은, 그분이 스스로 보여 주신 사건과 사람들을 통해서입니다. 우리가 경험하는 하나님의 지식은 '그분이 누구이신가'보다, '그분이 어떤 분인가'와 관련되어 있습니다. 특히 그분이 나에게 어떤 존재인지에 관심을 둡니다. "하나님은 선하시며 신실하신 분이다. 그분은 자비롭고 사랑이 많으신 분이다"처럼 하나님은 그분의 성품을 우리에게 보이십니다. 그리스도인의 성품은 내적인 수양과 묵상을 통해 형성되지 않고, 하나님께서 통치하시는 나라, 즉 예수님의 이야기를 가진 공동체를 통해 다듬어져 갑니다.

따라서 교회의 제일가는 책무는 하나님 이야기에 충실한 덕스러운 존재가 되는 것입니다. 교회는 이를 통해 파편화된 세상의 분열된 모습을 일깨워 주어야 합니다.[16] 무엇이 옳고 바람직한지를 설명하기보다 그런 삶을 공동체적으로 경험하게 하는 시도가 필요합니다. 우리에게 성품을 제공하는 내러티브는 다른 모든 목적을 희생하고 추구해야 할 한 가지 목적에 봉사하도록 하지 않습니다. 오히려 공동체 안에서 같은 이야기를 지닌 다른 존재를 통해 끊임없이 배워야 하는 이야기입니다.[17] 각기 자신만의 내러티브를 가지고 있는 존재들과 마주할 때, 우리는 그 사람을 통해 또 하나의 내러티브를 경험하게 됩니다. 그러한 만남은 나의 내러티브와 타자의 내러티브가 어떤 차별성과 유사성이 있는지 살피는 계기가 됩니다. 나의 내러티브가 강화되기도 하고, 상대방의 것을 닮아 가기도 합니다.

물론 그리스도인에게는 예수님의 이야기가 핵심이지만, 우리를 둘러싼 무수히 많은 세속의 내러티브들 속에서 우리는 끝없는 대화와 만남을 주고받습니다. 인간 자아는 수많은 서로 다른 존재와의 만남과 그들의 이야기를 접하면서 영향을 받습니다. 그렇기에 우리가 생각하는 올바른 삶은 우리로 하여금 합당하게 살아가도록 이끌어 주는 이야기들 사이의 끝없는 각축의 결과라 할 수 있습니다.[18] 우리는 이야기를 통하여 '내가 무엇을 해야 하는지 What ought I to do?'에 관심을 두기보다 '나는 어떤 존재이어야 하는지 What ought I to be?'를 질문하게 됩니다.[19] 우리 스스로 선한 어떤 행동을 할 수 있다는 생각은 그 전제가 잘못되었습니다. 그 대신 어떻게 해야 선한 존재가 될 수 있는지를 물어야 합니다.

영국의 윤리학자 올리버 오도노반도 비슷하게 주장합니다. "도덕적 사고는 내러티브를 통하여 형성되며, 그것은 자아 인식과 이야기 사이에서 발견된다."[20] 내러티브가 자아에 관한 지식의 중요한 범주인 것처럼 하나님을 아는 지식에도 중요한 범주입니다. 우리는 하나님의 이야기 안에 우리 자신을 위치시킬 때만, 다시 말해 그 이야기 안에서 우리 이야기를 찾을 수 있을 때만 우리가 누구인지 깨닫게 됩니다. 그럴 때 비로소 선한 성품의 존재로 살아가게 됩니다. 그 외에 마주하는 세속의 다른 내러티브는 부차적입니다. 세속은 자신의 이야기를 스스로 쓰려고 하지만, 모래 위에 기록한 낙서처럼 작은 파도에도 이내 사라지고 말 것입니다.

성품의 공동체

리처드 헤이스는 《신약의 윤리적 비전》에서 성경의 내러티브를 통한 성품 형성은 오늘날 자유주의가 강조하는 한 '개인'에게 초점을 두지 않는다고 주장합니다. 오히려 성경의 내러티브는 신실한 공동체에 집중합니다. 교회가 믿고 따르는 성경의 이야기는 세속과는 전혀 다른 반문화적인 제자도 공동체를 만들어 갑니다. 이 공동체는 하나님의 명령을 최우선적으로 받아들입니다. 성경 이야기는 철저히 언약 백성을 위한 하나님의 계획에 초점을 둡니다. 따라서 하우어워스의 도덕적 관심의 최우선적인 영역은 개인이 아니라 교회의 공동체됨에 있습니다.[21] 하우어워스는 현대 윤리가 도덕적 경험을 이해할 때 성품, 비전, 이야기와 상징들에 관심을 거의 기울이지 않는다고 안타까워합니다. 상징과 이야기는 세상을 바라보는 관점을 선사할 뿐 아니라, 우리와 타자의 관계를 설정하는 데도 탁월한 역할을 합니다.

성품은 우리로 하여금 공동체, 곧 우리가 사는 특정 사회에 이바지할 수 있게 하는 행위의 원천입니다. 성품의 윤리는 공동체의 공공선에 헌신하는 덕을 강조하면서 현대사회의 분리된 개인주의를 고치고자 합니다. 성경이 말하는 덕은 공동체의 번영을 지향하며, 평화를 실천하고 정의를 갈망하며 정직하고 겸손하게 하나님의 통치를 드러냅니다.[22] 우리는 공동체적인 관점에서 성경의 내러티브를 접근할 때 그 의미를 잘 파악할 수 있습니다. 하우어워스가 주장하는 것처럼, **교회는 곧 성품의 공동체입니다.** 이 공동체를 통해 하나님은 신앙의 삶과 세속의 정치가 밀접하게 연관된 교회의 현실 속에서 그분을 신뢰하는 백성들을 거룩하게 만들어 가십니다.[23] 도덕적인 삶은 단순히 올바른 규칙과 법들을 이해하고 따르는 것이 아닙니다. **올바른 것을 더욱 바르게 욕망하는 법을 배우며 살아가게 합니다. 욕망은 무엇을 선택할지를 다루는 것이 아니라 내면의 이끌림을 통해 더욱 본질적인 데 관심을 두면서 공동체가 훈련하는 방법을 통해서 방향을 수정해 갑니다.**[24]

도덕적 성품을 배우는 일은 언어를 배우는 것과 상당히 비슷합니다. 어린아이는 누군가가 말하는 것을 듣고 그것을 흉내 냄으로써 언어를 습득합니다. 처음에는 그 의미와 쓰임을 정확히 알지 못한 채 따라 하기만 합니다. 하지만 시간이 지나면서 자신의 언어로 그것을 재해석하고 표현하면서 공동체적 언어를 익힙니다. 오늘날은 도덕과 성품을, 마치 학습해야 할 규칙의 문제인 것처럼 여깁니다.[25] 바른 규칙을 다 배우고 나면 도덕적으로 행동할 수 있다고 생각합니다. 그러나 사람이 언어를 배울 때 문장 구조와 문법, 단어의 의미를 완벽하게 이해하고 나서야 구사하지 않는 것처럼, 선하고 착한 것이 무엇인지 정의하지 못한 채 그것을 모방함으로써 그러한 성품과 덕을 습득하게 됩니다. 아리스토텔레스는 덕을 배울 수 있는 성질의 것으로 여기지 않았고 오직 실천을 통해서만 얻을 수 있다고 생각했습니다.[26] 그렇기에 훈련이 필요합니다. 덕스러운 훈련은 우리의 권위자인 그리스도에게 순종함으로써 개별 자아들을 형성시킵니다. 그리스도의 권위에 대한 순종이 제대로만 이루어진다면, 자율적인 판단을 넘어서는 덕스러운 존재로서 예수 공동체의 핵심적인 존재가 될 것입니다.[27]

그레이엄 워드는《제자도의 정치학 The Politics of Discipleship》에서 **신앙을 하나의 살아 있는 성품으로** 인식했습니다. 그것은 메시아의 시대를 살아가는 이들이 선포하는 구별된 행위입니다. 신앙faith은 단순히 믿음belief이 아니며 자아를 넘어서서 그리스도의 십자가와 부활의 삶을 경험하도록 인도합니다.[28] 예수님을 따르는 것은 종말론적인 비전을 신뢰하며 그 신뢰를 바탕으로 그분의 눈으로 보고, 귀로 듣고, 입으로 말한 바를 지키는 것입니다. 하지만 오늘날 그리스도인들은 그리스도의 길을 알면서도 따르지 않습니다. 본회퍼는 이를 '값싼 은혜'라고 칭하기도 했습니다. 그는《나를 따르라》에서 어떠한 대가와 희생이 따르지 않는 신앙으로는 그리스도의 제자로 살 수 없다고 비판합니다. '값비싼 은혜'로 사는 그리스도인들은 그리스도를 향한 헌신과 희생을 기뻐합니다. 그분의 나라가 그리스도인들의 행동과 삶 안에 구체화되는 것이기에, 예수님의 제자로 사는 것은 예수님의 성품과 깊이 연결되어 있습니다.

성품의 공동체로서 교회의 역할은 무엇일까요? 세상과 전혀 다른 내러티브로 구성된 교회는 대안적 공동체로서 어떤 모델을 제시해야 할까요? **교회는 하나님의 새로운 언어입니다. 세상이 잃어버린 복음의 언어를 구사하고 소통시킬 줄 아는 언어의 집입니다.** 그리스도의 성품 공동체는 세속사회가 지향하는 '정의와 평화'의 나라보다 더 확장된 개념인 하나님 나라의 정의와 평화를 실천해 보입니다.

그러니 교회는 보편적 가치를 따르는 공동체를 지향해서는 예수님의 이야기를 실천할 수 없습니다. 최근 관심을 받는 공공신학public theology의 접근 방식은 세상으로부터 인정을 받으려는 잘못된 시도입니다. 공론장에서 대화하고 소통하려는 노력은 긍정적으로 보이지만 그것이 교회의 우선되는 사명은 아닙니다. '더 나은 사회'를 만드는 데 교회가 일조한다는 의미는 이미 스스로 더 나은 사회를 만들지 못했음을 인정하는 것입니다. 사실 공공신학이 다루는 공적 이슈들은 신앙의 내용과 밀접한 관련이 없습니다. 하우어워스의 입장에서 교회 스스로를 하나의 공적 기관으로 인식하고 그리스도인을 시민과 일치시키려는 노력은 자칫 교회가 본연의 역할과 사명을 잃어버리고 실패한 존재라는 오해를 불러일으킬 수 있습니다.

하우어워스는 세속문화에 적응하고 협력하려는 모든 시도를 거부합니다. 교회는 교회다움의 구별로 승부를 걸어야 합니다. 오늘날 한국 교회가 신뢰를 받지 못하는 것은 스스로 진실한 교회됨을 포기했기 때문입니다. 예수님의 내러티브가 아닌 세속의 성공 이야기에 심취해 있기 때문입니다. 정말로 교회가 스스로 담장을 무너뜨리고 세상에 참여하고자 한다면, 어떤 윤리적 방향과 비전도 제시할 필요가 없습니다. 왜냐하면 교회 그 자체가 하나의 메시지로서 예시되고 있기 때문입니다.[29]

그렇다면 교회는 어떤 성품을 가장 특징적으로 공유하고 있을까요? 하우어워스는 '평화'를 제안합니다. 교회는 그 자체로 평화의 공동체입니다. 교회는 폭력과 전쟁으로 운영하는 국가 체제를 동의하지 않습니다. 하나님 나라는 칼과 방패로 세워지지 않습니다. 그분의 나라는 평화의 나라입니다. 평화를 지향하며 실천하는 이들을 통하여 완성되지 절대로 무기와 강제력을 통해서 세워지지 않습니다. 평화학의 아버지로 불리는 요한 갈퉁Johan Galtung은 '적극적인 평화'와 '소극적인 평화'를 구분합니다. 전쟁과 힘을 통해 유지되는 소극적인 평화가 아닌 개개인의 행복과 공동체의 번영이 구축되는 적극적인 평화로 전환해야 할 때입니다. 우리 사회에 만연한 폭력의 구조를 벗어나 상호이해와 존중을 통한 공동의 지속성을 보장할 수 있는 체제가 필요합니다. 물론 이러한 주장이 얼마나 현실적일 수 있을지는 여전히 의문입니다. 남과 북이 대치하고 있는 한국 상황에서 전쟁은 선택이 아니기 때문입니다. 중요한 것은 전쟁을 지지할지 반대할지가 아니라, 어떤 평화를 지향할지에 있습니다. 하나님의 성품의 공동체로서 교회가 예수님의 십자가 죽음을 어떻게 해석할 것이며 제자된 우리가 어떻게 실천할지 고민해야 합니다. 이를 위해 그분이 보여 주신 비폭력의 삶이 무엇을 향하고 있는지 성찰할 필요가 있습니다.

칭의와 성품의 관계

그리스도인들이 예수님의 성품을 가지고 살아간다고 할 때, 전통적인 교리에서 말하는 칭의와 그것은 어떤 연관성이 있을까요? 그리스도를 통해 의롭게 된다는 것과 의로운 존재로서의 삶 사이를 어떻게 구별해야 할까요? 하우어워스는 덕윤리 입장에서 칭의를 성화와 연결합니다. 하지만 그에 대한 설명이 부족한 것은 사실입니다. 특히 성품과 덕을 설명할 때 좁은 의미의 성화 개념을 사용했다는 점은 보완이 필요한 대목입니다.[30] 우리가 아는 것처럼, 칭의와 성화는 그리스도인의 어떤 신앙의 단계와 지위를 기술하기 위한 것이 아닙니다. 인간의 노력을 통해 새로운 차원으로 들어갈 수 있는 어떤 신앙의 영역이 있지도 않습니다. 하우어워스 입장에서 볼 때 이 개념들은 예수님의 삶과 죽음 안에서 파악해야 합니다. 만약 칭의와 성화가 그리스도와 분리된다면 오히려 그리스도인의 삶이 왜곡될 수 있습니다. 성화는 예수님의 이야기를 우리 이야기로 만들고자 할 때 우리가 어떤 여정에 나서야 하는지를 상기시킵니다. 어떤 단계를 거쳐 의로움을 향하도록 하지 않고 우리 안에 예수님의 형상과 향기가 더 풍성해지도록 하는 것을 목표로 합니다. **그리스도인은 단지 바르게 살도록 부르심을 받은 것이 아니라 거룩한 존재로 변화되도록 요청받고 있습니다.** 하우어워스의 독특한 지점은 성화가 진리의 공동체를 통하여 그 안에서 이루어져야 함을 강조하는 부분입니다.[31] 개인적인 기도와 묵상, 수행이 아니라 교회 공동체를 통하여 오랫동안 유지되어 온 신앙의 전통에 따른 삶을 통해서 성화의 길로 나아갑니다. 의로운 존재로 살아가려는 성화의 삶은 그리스도인들이 따르는 예수님의 이야기를 올바르게 수행하는 일입니다. 그 이야기는 우리가 따라야 할 길을 제공하는 동시에 그리스도께서 우리를 위해 어떤 일을 행하셨는지 바르게 기억하게 하고 실천하게 하는 모든 것입니다.[32]

우리는 우리가 신앙하는 대상과의 타협이 아닌 그분을 통한 전인적인 회심을 통해서 성화의 차원으로 나아갑니다. 카를 바르트가 말했듯이 성화sanctification와 칭의justification는 손을 맞잡고 함께 갑니다.[33] 우리가 덕스러운 존재로 살아갈 수 있는 길은 그런 성품의 공동체와 관계를 맺을 때 가능합니다. 우리의 온전한 자아를 그리스도께 맡겨서 그분으로 하여금 우리 존재를 변화시킬 수 있도록 내어 주는 일이 필요합니다. 이것은 인간을 수동적인 존재로 살게 하지 않고 그리스도를 통하여 적극적인 공동체로 함께 존재하게 합니다. 하우어워스의 또 다른 독특한 점은 칭의와 성품을 연결하는 데 있습니다. 믿음에 의한 칭의는 그리스도인의 삶의 방향을 가장 잘 보여 주는 것이지만, 그것의 형식은 덕의 언어를 통해서 구체화됩니다. 왜냐하면 칭의는 은혜의 새로운 삶에 적용될 때 확실해질 수 있고, 도덕적 삶을 신앙의 성취 또는 완성의 과정으로 여길 수 있기 때문입니다.[34]

정의로운 사람은 자신이 얼마나 정의로운 존재인지를 증명할 필요가 없습니다. 행위를 통한 증명으로 그 사람의 가치와 성품이 인정받는다면, 그것은 덕이라 할 수 없습니다. 정의로운 사람은 그냥 정의로운 사람입니다. 그것은 정의롭게 하는 덕목과 연결되어 있을 때, 그 상황과 장소에서 자연스럽게 나타납니다. 개개인의 본성이 모든 인간의 본성과 일치될 때 그 가치를 인정받는 것이 아닙니다. 그런 사회는 전체주의를 지향하는 강요된 사회에 불과합니다. 우리가 성화의 삶을 추구하는 것은 우리의 의로움을 드러내기 위해서가 아닙니다. 예수님의 이야기로 성화된 인격적 존재가 어떠한지를 그대로 보여 줄 뿐입니다. 칭의에 걸맞게 신실한 존재로 변화되어야 하는 이유는, 우리의 도덕적 순결을 주장하기 위해서가 아니라 예수님을 따르는 여정을 통해 우리가 얼마나 우리 자아의 온전함을 이루었는지가 드러나기 때문입니다. 예수님의 이야기를 통해 우리는 우리가 이미 된 존재, 즉 평화와 정의의 하나님 공동체의 참여자로 살아가는 법을 배우며, 우리 자아가 비폭력적으로 성화되는 것을 깨닫게 됩니다.[35]

성령을 힘입어 거룩하게 된다는 것은 폭력과 거짓으로 얼룩진 세상 안에서 신실한 우정을 나누게 해 주는 진리의 공동체에 속한다는 의미이기도 합니다. 예수님으로 거룩하다는 것은 우리가 그분의 공동체 안에서 서로 잘 아는 사람들을 의지하며 함께 삶을 가꾸어 가면서 그들의 일부가 된다는 의미입니다.[36] 인간은 스스로 거룩한 존재가 될 수 없습니다. 인간은 자신을 새롭게 할 수 있는 능력이 본질적으로 없습니다. 그러므로 거룩한 공동체 안에 자신을 놓을 때 함께 성화의 길을 걷게 됩니다. 성화는 공동체의 진리 안에서 우리 삶이 형성되어 가는 과정이며, 그런 삶만이 예수님이 지향한 평화적 성품을 함양하게 합니다. 그리스도인의 삶은 나그네의 순례라는 자아의 끝없는 성찰을 가리키는 표현이지만, 그것은 홀로 이 땅을 살아가는 것이 아니라 그리스도의 이야기 안에서 자신을 성화시키는 존재로 살아감을 뜻합니다.[37] 기독교가 말하는 성화는 우리의 삶이 진리 안에서 형성되어 가는 것입니다. 그런 삶만이 평화의 역량을 갖게 합니다. 물론 거룩한 이야기를 지닌다는 것만으로는 대안적인 사회와 공동체가 될 수 없습니다. 진리의 이야기는 기꺼이 그 이야기를 따르려는 사람들에게만 의미가 있기 때문입니다.[38] 따라서 평화의 공동체가 필요합니다. 예수님의 이야기를 아는 것보다 예수님의 이야기를 함께 실천하는 것이 중요합니다. 성화의 삶은 바로 그런 공동체적 존재로 함께 살아갈 때 가능합니다. 평화의 공동체 안에서 예수님의 이야기가 오늘날 살아 있는 사건이 되도록 해야 합니다.

산상수훈, 덕스러움의 표본

하우어워스는 덕스러운 삶의 가장 이상적인 표본으로서 '산상수훈'을 주목합니다. '팔복'으로 잘 알려진 마태복음 5장에서 7장까지의 말씀은 그리스도인들에게 선사하는 복주머니가 아닙니다. 그것은 하나님 나라를 살아가는 새로운 존재들의 삶의 지침으로서 율법적 가르침과 세속의 습관을 벗어버리도록 요청합니다. 그는 마태복음 7장을 주석하면서 "예수님은 산상수훈을 통해 하나님과 갱신된 연합의 삶을 의도하셨다"라고 주장합니다.[39] 그러한 삶은 세속의 방식을 거슬러 올라가는 전혀 다른 삶입니다. 산상수훈은 우리에게 이 세상이 이미 알고 있는 것, 세상이 선한 행동이라고 여기는 것, 모든 사람이 다 합당하다고 여기는 것에 맞서 힘 있게 싸우기를 요구합니다. 마치 모세가 시내산에서 이스라엘 백성에게 새로운 땅, 가나안에서의 규칙을 전달한 것처럼 산상수훈은 새로운 하나님 나라 백성으로, 이 땅에 식민지를 세우는 필수적인 내용을 담고 있습니다.[40] 산상수훈은 어떻게 하면 우리가 개인적으로 더 나은 그리스도인이 될 수 있느냐에 관심을 두지 않습니다. 그것은 교회가 따라야 할 길을 보여 주는 그림과 같습니다. 그래서 산상수훈은 종말론적입니다. 그것은 만물의 끝, 하나님께서 이 세상을 이끌어 가는 최종 목적지와 관계가 있습니다. 마태복음이 전하는 그리스도의 재림, 곧 파루시아parousia는 산상설교에서 더욱 분명해집니다.[41]

유스티누스는 AD 150년경 《제1 변증서 First Apology》에서 그리스도인이 어떤 사람인지 설명하기 위해서 산상수훈을 전부 인용합니다. 자비, 진실함, 원수사랑, 다른 뺨을 돌려 댐, 1마일을 더 동행함, 구하는 자에게 줌 등의 내용으로 그리스도인이란 기꺼이 이러한 실천을 하는 사람들이라고 설명합니다.[42] 세상과 다른 이야기를 살아가는 이들의 삶은 분명 무엇인가 구별되는 특징이 있습니다. 단순히 어떤 성품으로 길들여진 삶이 아니라 세속과 다른 방식으로 세속을 극복하려 합니다. 그렇다고 산상수훈이 신자들에게 세상을 부인하거나 세상의 삶을 포기하라고 말하지는 않습니다. 오히려 세상을 바르게 파악하고 지혜롭게 대처하는 능력을 제안합니다. 글렌 스타센과 데이비드 거쉬는 《하나님의 통치와 예수 따름의 윤리》에서 '변혁을 주도하는 행위'로 산상수훈을 해석했습니다. 율법적인 의를 넘어설 뿐 아니라 반복된 악습을 훼파하는 실천으로 말입니다. 이것은 이상적인 행동 지침을 가리키지 않습니다. 세속의 실제적인 해방에 초점을 맞춘 구체적 지침입니다. 이를 위해서는 성경을 한 구절씩 해석하거나 역사비평의 방식으로 본문의 시대적 상황과 사회적 맥락을 살피는 것보다, 본문의 덩어리가 오늘 우리에게 던지는 메시지 그 자체에 관심을 둘 필요가 있습니다. 불의한 사회에서 어떻게 올바른 정의를 추구할지, 이기적 삶을 지향하는 사회에서 예수를 따르는 사랑의 실천이 무엇인지를 계속해서 고민해야 합니다.

팔복 이후에 등장하는 마태복음 5장 21절에서 7장 12절에서는 신앙생활에서 실천하면 안 되는 금지 조항이 아니라, 궁극적인 변혁을 주도하는 행위를 제시합니다.[43] 성도들의 개인적인 실천으로는 산상수훈을 따르기가 쉽지 않습니다. 산상수훈을 제대로 이해하기 위해서는 그에 걸맞은 공동체가 필요합니다. 하우어워스는 비폭력을 실천하는 공동체의 존재를 전제하면서 산상수훈을 이해해야 한다고 제안합니다. 평화를 지향하는 공동체가 존재하지 않는다면 평화를 경험할 수 없는 것처럼, 모두가 평화주의자가 될 필요는 없지만 산상수훈을 제대로 이해하기 위해서는 비폭력을 실천하는 공동체가 반드시 필요합니다.[44]

물론 이러한 해석에 무리가 있을 수 있습니다. 특히 리처드 헤이스는 하우어워스가 성경 인용을 산발적으로 하면서, 정확한 해석을 하지 않는다고 지적합니다. 또한 거의 공관복음을 의지하여 자신의 논지를 펼침으로써 다른 성경들과의 비교분석을 시도하지 않는다고 비판했습니다.⁴⁵ 하지만 하우어워스는 정경의 다양성을 무시하거나 성경 전승의 정당성을 거부하지 않습니다. 그는 예수의 이야기를 가장 잘 보여 주는 방식에 집중하면서 그것을 어떻게 공동체를 통하여 실천할 수 있을지에 관심을 둘 뿐입니다. 성경의 해석만큼이나 중요한 것이 그것을 어떻게 실천할지입니다.

우리는 윤리적으로 훌륭한 삶을 살도록 부름 받은 것이 아닙니다. 좋은 이웃과 좋은 시민으로 살아가는 것도 분명 의미가 있지만, 그것이 복음의 일차적인 관심은 아닙니다. 그리스도인은 이 땅에 임할 하나님 나라를 미리 맛보고 그 나라를 함께 이루는 공동체로 살도록 부름을 받았습니다. 그러한 공동체가 지향하는 삶은 예수의 성품을 함양한 그분의 제자로, 세속의 저항자로 살아가는 것입니다. 그리스도인의 실천은 이 땅에 도래할 하나님 나라를 소망하며, 먼저 그 나라를 맛보며 살아가는 삶의 방식입니다. 만약 종말론적인 하나님 나라가 없다면, 우리의 실천은 아무런 의미를 갖지 못합니다. 그리스도인이 지향하는 윤리적 삶은 종말론적인 메시아 공동체를 추구하는 삶입니다. 평화의 나라를 살아가는 종말론적인 그리스도인들은 예수님의 가르침을 실제로 구현하며 살아가는 이들이며, 산상수훈은 바로 그 지침을 구체적으로 보여 줍니다.

3장

공동체

나그네로 사는 세상과 공동체

리 비치는 《유배된 교회》에서 오늘날 교회가 처한 상황을 바벨론 포로로 끌려간 이스라엘의 모습에 비유합니다. 그는 교회의 현실을 '크리스텐덤의 종말'로 묘사하면서 교회가 과거의 영광과 영향력을 상실한 뒤 세속의 한복판에 유배exile되어 있는 식민지 상태라 주장합니다. 나라를 잃어버리고 절망 속에 살아가는 식민지 백성들에게 어떤 희망이 남아 있을까요? 리 비치는 유배 속에서도 한 가지 희망을 발견하는데 그것은 바로 '공동체성의 회복'입니다. 식민지에서 살아가는 백성들에게 선포된 구약의 말씀은 이스라엘의 멸망으로 끝나지 않고 하나님을 향하여 다시 회개하며 돌아오는 백성들과 새로운 나라의 언약으로 이어집니다.

물론 유배라는 단어가 부정적인 이미지를 함의하는 것은 사실입니다. 큰 잘못을 저질러 외딴 섬이나 깊숙한 산골에 평생토록 고립된 삶을 살아가야 하는 죄인의 모습이 떠오르죠. 교회의 유배가 마치 하나님의 심판을 받아 멸망한 이스라엘을 연상시키지만, 리 비치는 조금 다른 관점으로 해석합니다. 그에게 **유배는 교회를 정화하는 과정입니다.** 유배는 세속과 동화되어 자정능력을 상실한 교회, 권력과 자본에 물든 제국적 기독교를 벗어나 낯선 환경에서 자신을 재발견함으로써 교회됨의 진정한 모습이 회복되는 사건입니다.[1] 권력에 취한 교회는 자신의 과오를 스스로 깨닫지 못합니다. 세속의 권력으로 안정된 위치에 있을 때 교회는 더욱 익숙하고 편한 것에 집착합니다. 이스라엘은 애굽의 노예로 있을 때와 바벨론 포로지에서 억압당할 때 비로소 하나님께 간절한 기도를 시작합니다. 땅을 잃고 낯선 유배지에서 나그네가 된 후에야 비로소 자신들의 뿌리를 찾기 시작하죠. 느헤미야처럼 조상들의 과오를 깨닫고 대신 회개하기도 합니다. 에스라를 통해서 하나님의 말씀을 듣고 눈물로 회개하며 이방인과 관계를 끊고 새로운 백성이 되기를 다짐합니다. **그래서 유배지는 형벌의 자리인 동시에 회복의 자리입니다.**

탈교회의 시대를 살아간다는 것

최근 기독교계의 큰 변화 중 하나는 탈교회화 현상, 그리고 **비제도권** 교회의 등장입니다. 정재영은 《계속되는 도전: 늘어나는 비제도권 교회》(SFC출판부, 2022)에서 교단에 소속되지 않은 교회를 인터뷰하면서 다양한 방식으로 교회의 본질을 추구하려는 시도들이 일어나고 있음을 밝힙니다. '가정 교회', '공동체 교회', '카페와 도서관 교회'의 등장은 "**개인주의 중심의 영성 추구와 형식적 종교의례를 거부하고 의미와 관계 중심의 신앙을 표현하고 명목상 그리스도인을 거부하는 새로운 가치 등이 반영되어 나타난다**"고 할 수 있습니다. 물론 이들 교회가 기존의 교회보다 더 신학적으로 또는 신앙적으로 우월하거나 더 이상적인 교회라는 뜻은 절대로 아닙니다. 여전히 불안하고 불편하지만, 교회의 참된 모습을 진지하게 고민하고자 신앙의 모험을 떠난 이들의 현재 모습을 반영하고 있습니다.

탈교회의 시대에 그리스도인들은 절망 속에서도 교회 공동체를 새로움으로 이끄시는 하나님의 섭리를 신뢰합니다. 교회를 떠나는 것이 곧 불신앙을 의미하지는 않습니다. 오히려 새로운 희망을 향한 두려운 전진일 수 있습니다. 오히려 그들이 던지는 질문에 응답할 필요가 있습니다. 쇠퇴하는 교회를 바라보며 절망할 수도 있지만, 진정 우리를 힘들게 하는 것은 세속적인 권력으로 변질되어 가는 교회 그 자체입니다.

하우어워스는 교회를 '식민지'라고 자주 표현합니다.《하나님의 나그네 된 백성》에서 그는 "**교회는 스스로 고립되기를 자처한 식민지이다**"라고 했습니다. 그것이 교회의 최초의 모습이었고, 로마 제국을 변화시킨 초기 공동체의 존재 형태이기도 했습니다. 교회는 압도적인 세속문화 앞에 소수의 인원이 모여 있는 고립된 공동체일 수밖에 없었습니다. 외딴 섬처럼 작은 모임으로 출발했지만 교회는 자신의 존재적 역할을 잊지 않았습니다.

탈교회의 시대에 그리스도인으로 살아가는 것은 환영받지 못하는 나그네로 살아가는 것과 같습니다. 교회는 더 이상 안정과 편안함을 제공해 주는 안락한 은신처가 아닙니다. 그리스도인들은 배제당하는 세속의 한복판에서 하나님을 온 존재로 증명해야 하는 삶을 요청받습니다. 이것은 세속 안에서 길을 잃은 교회의 방황이 아니라 유배지에서 참된 교회를 실천하는 과정입니다. 탈교회의 시대에 제도권 교회를 기피하는 가나안 교회 현상[2]은 딱딱한 교회 solid church의 거부인 동시에 공동체를 향한 관심의 표출이기도 합니다. 물론 수적인 교세 감소와 사회적 신뢰도 하락이라는 부정적인 평가가 다분하지만, 교회 자체에 대한 거부가 아니라 새로운 교회를 향한 간절한 요청이기도 합니다. 리 비치의 주장처럼 새로움과 본질을 향한 탈교회 현상은 성경에 나오는 출애굽의 이스라엘 이야기와 포로기의 유대인들을 닮아 있습니다. 애굽의 제국주의를 거부하고 새로운 하나님 나라를 꿈꾸며 가나안을 향한 그들의 여정은 비록 불안정한 상황 속으로 뛰어드는 무모한 행동처럼 보이지만, 광야에서 만난 하나님의 은혜를 만끽하는 가슴 뛰는 삶이기도 했습니다. 광야의 공동체는 두려움을 안고 미지의 세계로 나아갑니다. 그리고 그곳에 계신 하나님의 은총을 경험합니다.

나그네로 낯선 환경에서 살아가는 믿음의 여정은 신앙의 근원을 찾아가는 지름길입니다. 그것은 편안한 환경에 안주하고 정착하려는 나태한 신앙을 거스르는 작업입니다. 그리스도인은 잠시의 일상을 떠나는 여행자가 아니라 끊임없이 어떤 진정한 세계로 나아가는 나그네와 같은 삶을 삽니다. 그것은 방황이 아닙니다. 자신을 찾아가는, 참 존재로 변화되는 여정입니다. 그리스도를 믿고 따르는 것은 미지의 여행에의 동참입니다. 중간중간 무슨 일이 벌어질지는 아무도 모르지만, 우리가 확신하는 것은, 이 여행의 가이드가 예수님이라는 사실입니다.

분열된 세상, 파편화된 자아

지그문트 바우만은 《방황하는 개인들의 사회》에서 오늘날을 갈 길 몰라 헤매는 개인들의 사회로 규정합니다. 현대사회에서 인간은 자신의 뿌리를 상실하고, 인격적 공동체로부터 독립하여 자신만의 세계를 구축하며 살도록 내몰리고 있습니다. 건강한 자아를 찾아 자신만의 삶을 추구하면 좋겠지만, 삶의 토대와 관계성의 붕괴를 경험하는 현대인들은 불안과 고독 속에 하루하루를 살아갑니다. 특히 코로나 시대에 고령층과 젊은이들의 자살이 급격히 증가한 것도 이런 분위기와 무관치 않습니다. 사회적 안정망이 붕괴되고 재기의 가능성이 제로인 사회에서 인간은 생존을 위한 이기적인 행위를 선택하게 되죠. 사회적 고립감을 극도로 경험하는 이들은 '개인화'라는 우상 앞에 누구의 도움도 없이 방치되어 있습니다. 스스로 성공하고 능력을 증명해야 하는 사회에서 인간은 한없이 연약한 존재일 수밖에 없습니다. 자유주의를 강조해 온 것처럼 '개인주의'를 지나치게 강조하는 사회는 인격적 만남과 공동체성 형성에 소극적입니다. 공동체를 강조하면 전체주의나 권위주의로 인식하기도 합니다. 특히 한국 사회는 공산주의에 대한 과도한 몰입으로 '공' 자만 들어가도 모두 비판적인 시선으로 바라봅니다.

하우어워스는 개인을 우상화하는 현대사회의 풍조를 비판합니다. 그는 모든 도덕적 판단과 선택의 근거로서 개인을 우선시하는 합리성의 규범을 거부합니다. 자율성을 숭배하는 현대사회에서 개인은 신적인 위치에 놓여 있습니다. 아니, 신이 되었습니다. 새뮤얼 웰스는 현대 윤리학이 주장하는 도덕적 규범 the standard account of moral rationality이 지나치게 탈공동체적이라고 비판하면서 이성과 합리성을 주장하는 '칸트의 기획'은 실패할 수밖에 없다고 주장합니다. 아이러니하게도 합리적 인간은 이성적인 인간 자체를 숭배하는 동시에 비이성적인 존재는 경멸합니다. 사회가 규정하는 표준적인 인간다움을 내세우며 그렇지 못한 인간을 등급화하고 차별하죠. 인간은 다양한 경험, 가치관, 전통, 성향을 지니고 살아가지만, 현대성은 그 모든 것을 무시한 채 '이성'이라는 공통분모를 토대로 한데 묶어 버렸습니다. 이성의 카테고리에 담기지 않는 개인의 영역은 공공의 영역에서 날카로운 칼로 제거됩니다.

설명할 수 없고 이해되지 않는 것은 존재하지 않는 것처럼 취급합니다. 이성적인 인간을 중심으로 하는 오늘날 도덕적 규범은 객관성을 지향하면서 모두에게 평등하게 적용 가능하다는 하나의 신화를 만들어 냈습니다. 모두에게 적용 가능한 원리와 원칙이라는 하나의 잣대로 세상을 평가하고 재단하기 시작합니다. 세속사회는 공정과 정의를 앞세워 과거의 전통과 가치로부터 분리된 비인격적인 사회를 구축하는 데 성공합니다.[3] 정말 인간을 위한 유토피아적 세상은 행복한 곳이 되었을까요?

역설적으로 오늘날 개인은 '시민사회의 최악의 적'인지도 모릅니다. 개인은 '공공선', '선한 사회', 또는 '정의로운 사회'를 추구하는 데 미온적일 뿐 아니라 상당히 회의적입니다. 개인의 사적 이익을 충족시켜 주지 못하는 사회에서 모두를 향한 공공의 이익을 추구하는 것은 쉽지 않습니다.[4] 우리는 자신을 희생하고 공공의 이익에 부합하는 삶을 살게 하는 세속의 내러티브를 제공받은 적이 없습니다. 과연 합리적인 시민들이 자신을 희생하고 공동체의 번영을 위해 헌신할 수 있을까요? 합리적인 대화를 통해 모두를 위한 유토피아가 건설될 것이라는 꿈은 거의 불가능한 상상에 가깝습니다.

라인홀드 니버의 고전《도덕적 인간과 비도덕적 사회》(문예출판사, 2017)는 인간 집단이 공적인 선을 도모하는 데 얼마나 소극적인지 잘 보여 줍니다. 세속은 자신을 희생하여 공공의 이익을 도모하는 그런 영웅적인 신화를 선호하지 않습니다. 자유주의 시스템의 개별성을 지향하는 사회에서 공적인 또는 공동체적인 가치와 선을 추구하는 것은 역설적입니다. 개인들의 연합체로서 존재하는 국가조차 그들의 동의 없이는 정당한 권위를 부여받을 수 없기에 이런 사회에서 공공의 선을 추구하기란 결코 쉽지 않습니다.

현대사회는 고립된 영웅들로 가득합니다. 사사 시대처럼 각자의 옳은 기준과 판단을 따라 홀로 서서 결단하고 선택하는 개인들은 저마다 작은 왕king으로 살아갑니다. 현대사회는 개인을 그가 속한 공동체의 전통과 가족과 부모, 오래된 이야기들, 그리고 민족과 국가의 역사에서 독립시킴으로써 그가 홀로 결단하고 선택하고 외톨이로 행동하게 합니다.[5] 토마스 홉스는《리바이어던》에서 17세기 과학의 발전에 따라 분자 세계에 대한 새로운 이해가 전개되면서 물질을 구성하는 최소 단위인 원자를 통해 사회를 재해석했습니다. 그는 인간 사회도 원자들의 모임으로 구성되었으며, 바로 개별적 존재로서 인간을 이해할 필요가 있다고 주장합니다.[6] 개체화된 이기적 인간은 이성을 통해 자율적 존재로 나아갔고 자신의 이익을 위해서 타협하고 연대하지만, 언제든지 파기할 수 있는 계약 사회를 구성했습니다. 나와 너를 넘어서는 우리의 인간적인 관계는 무너지고, 돈과 권력을 중심으로 모이고 흩어지는 이익 사회만 남았습니다.

독립적이고 합리적인 개인이라는 신화 위에 세워진 칸트의 윤리는 하나의 이야기, 즉 신으로부터 분리된 세속적인 이야기에서 시작되었다는 점을 기억해야 합니다. 개인은 자기가 속한 전통에서 벗어남으로써 자유롭게 될 수 있다는 믿음조차 특정한 사회의 내러티브에 기대어 있습니다. 하우어워스는 **오늘날 개인이 신실한 제자가 되지 못하는 이유는 고립된 개인으로 살아가야 한다는 세속의 신화 속에 갇혀 있기 때문**이라고 비판합니다.[7] **우리는 자유라는 이름으로 파편화된 개인을 창조했습니다.** 현대사회는 개인의 프라이버시를 찬양하며 그것을 지키는 것을 자유와 정의라 생각합니다. 개인의 행복과 이익을 위해 공공과 공동체의 이익이 다소 감소하더라도 동의합니다. 따라서 현대사회를 무너뜨리는 최대 적은 바로 '나 자신'입니다. 아이러니하게도 '나'를 추구하는 것이 곧 '나 자신'을 무너뜨립니다. 나를 추구하면 할수록 나를 잃어버리고 맙니다.

현대의 계몽화된 근대성은 종교를 넘어서서 '나'라는 새로운 신을 만들어 냈습니다. 새로운 신인 '나'는 스스로가 자신에게 부여한 인식론적 확신과 신념을 통해 전통적인 종교의 그늘을 벗어납니다. '나'를 숭배하는 새로운 종교인들은 충분히 스스로 완전한 삶이 가능하다는 믿음을 가지고 있습니다. 세속의 이성은 하나의 신앙이 되었고, 개인의 자유는 최고의 덕목으로 추앙되고 있습니다. 자기 자신을 신뢰하는 인간은 그 자체로 신성한 지위를 누립니다. 그러나 인간은 동시에 인격적인 상호관계를 추구하는 공동체를 그리워합니다. 현대사회의 고립된 자아들은 누군가로부터 지지와 격려를 그리워합니다. 타인을 인정하지 않으면서도 자신은 인정받고 싶어 하는 욕구가 가득합니다. 악셀 호네트가 《인정투쟁》(사월의책, 2011)에서 언급한 것처럼 상대를 통하여 자신을 확인하려는 의존성이 더욱 강력하게 작동하고 있습니다. 합리적 인간도 여전히 누군가를 그리워하고, 누군가를 연민하며 살아갑니다. 타자로부터 동떨어지려 하지만 그들의 체온과 애정 어린 눈빛을 외면하지 않습니다. 제도적인 종교를 떠난 인간이 신을 그리워하는 것처럼, 인간은 '가정'과 '공동체'가 갖는 상호인격적 패러다임의 그림자 속에 숨고 싶어 합니다.

매킨타이어와 하우어워스가 주장하는 성품의 윤리는 개인을 도덕적 행위의 주체로 여기는 자유주의에 대한 반대의 흐름입니다. 18세기 계몽주의의 자유주의자들은 정치적 민주주의, 종교적 관용과 자유, 개인의 자유와 인권을 확대시키는 데는 성공하지만 민주주의를 작동하는 데 필수적인 인격과 성품을 함양하는 데는 실패합니다. 그들은 낙관적으로 민주주의를 통해 시민의 정치-사회적 덕목이 자연스럽게 형성될 것을 기대했지만 현실은 전혀 그렇지 않습니다.[8] **좋은 성품의 존재는 탁월한 사회제도가 만들어 내는 것이 아니라, 함께 살아가는 이들과의 인격적 만남을 통해서 가능합니다.** 독립적인 존재로 홀로 살아간다고 완전한 인간됨이 완성되지는 않습니다. 또한 계약관계를 통해서는 자기충족적인 이익을 성취하면 할수록 이기적 자아로 전락하고 맙니다. 하지만 공동체적인 상호의존의 관계에서는 함께 살아가는 기술과 태도를 자연스럽게 습득할 수 있습니다.

기독교 윤리학자인 데이비드 거쉬는 "**인간은 다른 사람들로부터 소외당하는 것이 종식되기를 간절히 열망한다**"라고 했습니다. 우리 대부분은 이렇게 친밀한 단 하나의 관계를 만들거나 보존하기 위하여 때로 목숨을 바치기도 합니다. 왜냐하면 이것이 바로 인간의 존재 이유이기 때문입니다. 이 관계됨은 우리의 정체성과 행복을 계속 형성시킬 만큼 강력합니다.[9] 인간은 이 땅에서 낯선 타자로서 각자의 여행을 떠나는 개별 자처럼 보이지만 사실은 모두 '나그네' 또는 '여행자'라는 공통점이 있습니다. 나그네로 살아가는 삶은 외롭지만 동반자가 있다면 상황은 달라집니다. 여행의 완성은 목적지에 빨리 도착하는 것이 아니라 그 여정에서 좋은 사람들과 함께하는 데 있기 때문이죠. 낯선 땅을 누구와 여행하는지에 따라 각자가 경험하는 시공간의 풍경은 전혀 다르게 해석될 수 있습니다.

하우어워스 입장에서 자율적인 인간이 된다는 것은 역사로부터 소외되어 단지 개인적인 선호와 편견을 가진 존재로 전락하는 것입니다.[10] 공동체와 뿌리가 없는 존재로 살아가는 것은 그 자체로 불안정한 삶입니다. 우리는 역사 없이 태어난 자아가 아닙니다. 우리 삶의 이야기는 언제나 우리의 정체성의 근원에 해당하는 공동체의 이야기에 편입되어 있습니다.[11] 하우어워스는 **인간을 '이야기를 가진 존재'로 인식합니다. 서사적 자아로서 인간은 공동체가 지닌 이야기를 자신의 것으로 고백하면서 자신의 존재됨을 확인합니다.** 나는 나를 둘러싸고 있는 수많은 공동체로 존재하며, 그 공동체를 형성한 이야기의 일부로 살아갑니다. **우리는 공동체가 필요할 뿐 아니라 공동체로 존재할 때에만 개인으로 존재할 수 있습니다. 공동체는 개인을 키우는 모판이요 어머니의 품과 같습니다.** 혈연관계처럼 끈끈한 공동체는 아니어도 서로의 안부를 묻고 함께 기도하며 눈물을 닦아 줄 누군가가 있다면 심리적·정서적인 버팀목을 안고 살아가는 것과 같습니다. 우리는 코로나를 거치는 동안 일상에서 부딪히는 수많은 관계가 얼마나 소중한지 절실히 깨달았습니다. 고립된 자아로 살아가는 삶이 얼마나 허무한지, 또 서로의 안부를 묻는 작은 인사가 어떻게 한 존재를 돌볼 수 있는지를 말입니다. 물론 과거처럼 혈연과 지연을 중심으로 하는 강력한 공동체성을 지향할 필요는 없습니다. 적절한 관계와 거리두기를 지향하는 느슨한 연대도 괜찮습니다. 우리 사회는 개인성과 공동체성이 적절히 조화를 이룰 수 있는 균형감이 필요합니다. 그리고 꼭 하나의 공동체에만 소속되어야 할 필요는 없습니다. 다원화된 사회에서 개인은 다중적 소속감을 지니기 마련입니다. 문제는 각자가 느끼는 관계의 깊이와 세기가 아닐까요?

자유주의 vs 공동체주의

개인과 공동체 사이에는 적절한 관계가 필요합니다. 다수의 행복을 위해 소수의 희생을 강요하거나 소수의 행복을 위해 다수가 희생하는 것 모두 바람직하지 않습니다. 개인과 공동체는 작은 파이를 두고 갈등하는 사이가 아닙니다. 존 롤즈로 대표되는 정치적 자유주의자들은 사회적 정의와 평등을 이루려면 개인의 합리성과 자율성을 존중할 뿐 아니라 보편적으로 적용할 수 있는 정의의 원칙들이 필요하다고 제안합니다. '최소 수혜자에게 최대의 혜택'을 주거나 공평한 출발선을 제공하기 위해서 모두가 제로베이스에서 시작할 수 있는 '무지의 베일의 법칙'이 작동될 때 서로 평평한 존재로 대우할 수 있다고 말합니다. 세속사회의 정의는 평등한 분배와 기회의 균등이 중요합니다. 하지만 이 모든 것은 인간을 개인적인 존재로 설정한 경우입니다. 하지만 정의와 평등을 공동체적으로 접근한다면 어떤 해석과 실천을 가져올 수 있을까요?

매킨타이어는 《누구의 정의? 어떤 합리성? *Whose Justice? Which Rationality?*》에서 정의는 단일한 하나의 개념으로 통용되는 것이 아니라, 공동체와 역사적 상황마다 달라질 수 있음을 전제합니다. 또한 정의의 규정 역시 합리성이라는 하나의 출입구로만 통행할 수 없습니다. 합리성의 발현조차도 국가마다 정치적 상황마다 다르게 형성되었기에 단일한 잣대로 정의와 평등을 판단한다는 것은 처음부터 잘못된 출발이었습니다. 매킨타이어와 하우어워스가 공동체를 강조한다고 해서 개인을 배제하는 것은 아닙니다. 다르게 접근할 뿐이죠. 하우어워스는 정의로운 사회를 위한 여러 원칙과 원리를 강조하기에 앞서 개개인의 행위에 영향을 미치는 공동체의 내러티브를 주목했습니다. 원리와 규칙에 앞서 그것을 지키고 따라야 하는 개인의 인격과 성품이 우선한다고 판단했기 때문입니다.

로버트 퍼트넘은 《나 홀로 볼링》(페이퍼로드, 2016)에서 1970-80년대 미국의 시민사회가 조금씩 약화하는 것을 포착해 냈습니다. 개인의 자유와 인권이 확대되고 민주주의가 어느 정도 정착한 뒤에 학교와 직장, 마을과 도시에서 시민들 사이의 관계가 멀어지고 공동체성이 무너지는 것을 우려합니다. 퍼트넘은 시민사회의 재건에서 종교의 중요성을 언급했습니다. 더 정확히 말하면 구역이나 셀과 같은 소그룹의 관계성을 주목합니다. 그는 종교를 일종의 사회적 자본social capital 의 하나로 인식했고 'bonding, bridging, linking'처럼 관계의 특징들이 소속감과 공동체성 형성에 탁월하다고 여겼습니다. 파편화된 세속사회에서 교회 공동체는 지역사회에 참여하며 살아가는 관계적 기술을 배울 수 있는 적절한 곳이며 풍부한 인적 네트워크로 주민들 간 신뢰를 형성할 수 있는 장이기도 합니다.[12] 물론 하우어워스는 교회 공동체를 시민사회의 재건을 위한 도구로 사용하는 것을 용인하지 않을 것입니다. 그는 교회의 공동체성을, 예수님 닮은 성품으로, 말씀을 따르는 평화의 실천적 덕목으로 이해했습니다.

오늘날 그리스도인들은 홀로 신앙생활하는 것에 익숙합니다. 회중 속에 은둔해 있는 익명의 신자가 되기를 자처합니다. 사실 교회 공동체 안에 소속되어 있더라도 인격적인 교제를 나누기란 쉽지 않습니다. 공동체의 낭만주의를 비판하는 이들은 이상적인 공동체는 현실에 존재하지 않는다고 말합니다. 누군가의 간섭과 방해 없이 자신을 위한 신앙생활을 추구하는 것은 자칫 공동체성 약화로 이어질 수 있습니다. 하지만 교회는 예수 그리스도를 주님으로 고백하는 공동체의 모임입니다. **교회 공동체는 세속사회에서 하나님의 나그네 된 백성, 곧 그리스도를 통해서만 알 수 있는 것을 알고 따르는 차별화된 백성들의 모임입니다. 그리스도인은 세속에 있지만, 세속에 속하지 않는, 즉 떠나지 않지만 다르게 살아가는 존재들입니다.** 신앙을 가지고 바르게 사는 삶은 바르게 판단하고 행동하는 것을 넘어 세속에 도전하는 삶이라고 할 수 있습니다. 이 도전은 인식적인 것이 아니라 정치적인 것입니다. 즉 그리스도로 말미암아 세상에 일어난 큰 변화에 동조해서 살아가는 새로운 백성을 세우는 것입니다.[13]

하우어워스가 "교회 그 자체를 사회적인 전략이자 윤리"라고 주장할 수 있는 것은 교회가 하나의 덕스러운 공동체가 될 때 가능한 이야기입니다. 교회는 특정한 종류의 사람들로 구성되어 있습니다. 이들은 예수님의 이야기로 무장된 그리스도의 제자들로, 십자가에 못 박히신 예수님의 이야기를 기억하고 들려주는 데 탁월한 백성들입니다.[14] 교회가 세속사회의 대안적인 정치체인 것은 진정한 정치가 무엇인지를 보여 주기 때문입니다. 교회 공동체가 지니는 덕스러움은 세속 정치가 제시할 수 없는 차원의 영역입니다. 자유주의 정치가 더 나은 사회를 구현할 것처럼 보이지만, 개인의 욕망에 더욱 집중하게 하고 엉성하게 짜여 있는 공공의 덕을 실천할 수 있다고 자신합니다.[15] 교회는 개인의 자유를 보장하려는 국가의 시도를 넘어서서 참된 자유, 인간의 본성을 넘어서는 공공의 공동체적 자유를 구현해야 합니다.

> 그리스도인의 사귐은 예수 그리스도를 사이에 두고 사귀는 삶이요, 예수 그리스도 안에서 사귀는 것을 말합니다. 그리스도인의 사귐은 그 이상일 수도 없고, 그 이하일 수도 없습니다. … 우리는 예수 그리스도를 사이에 두고 그리고 그의 안에서만 서로 연결되어 있습니다.[16]

우리가 진정한 공동체를 추구한다고 할 때 그 모델은 삼위일체 하나님의 관계성에서 찾을 수 있습니다. 기독교 전통은 하나이면서 동시에 복수인 자아의 모델을 그 핵심에 가지고 있습니다. 하나이면서도 셋인, 단수이면서도 복수로 존재하는 인격과 같습니다.[17] 삼위 하나님의 관계성은 모든 인간의 관계적 실존의 모델입니다. 삼위 하나님의 깊은 사랑의 사귐은 그분의 형상을 닮은 인간도 사랑으로 함께 살아가도록 초청합니다. 우리는 예수님을 통하여 하나님의 사랑을 깨닫게 되며, 그분 안에 머물러 있을 때 공동체적으로 존재하게 됩니다. 공동체로 존재한다는 것은 한 사람의 목소리가 지배하는 단일 사회를 이루는 것이 아니라, '함께 말하는 방식speaking together'으로 서로의 증언에 서로가 증인되기를 기뻐하는 행위입니다. 힘 있는 하나의 목소리가 지배하는 공동체가 아니라,

다양한 목소리에 서로 귀를 기울이면서도 일치를 추구할 수 있는 토대를 갖추는 것이 필요합니다.

스튜어트 머레이는 《이것이 아나뱁티스트다》에서 "공동체에 의해 평가되지 않는 개인주의의 해석은 합리적이지 않으며 위험한 것이 될 수 있다"라고 경고합니다.[18] 권위 있는 한 사람의 해석이 지배하는 사회에서 진리는 한 사람을 통해서만 인정받게 됩니다. 하지만 공동체적 해석을 시도하고 실천하는 그룹에서 권위는 모두가 인정하고 동의하는 방식으로 작동하게 됩니다. 또한 구성원들이 훨씬 참여적으로 변화됩니다.

우리는 교회가 공동체로 존재한다는 것이 무엇을 의미하는지 알기 위해서 하우어워스처럼 함께 벽돌 쌓는 법을 배워야 할지 모릅니다. 이 훈련은 구원받았다는 것이 무엇을 의미하는지, 그리스도인이 된다는 것이 무엇을 의미하는지를 공동체적으로 생각하게 할 것입니다.[19] 한 장의 벽돌로는 건물을 세울 수 없기 때문입니다.

알래스데어 매킨타이어, 찰스 테일러, 마이클 샌델을 비롯한 공동체주의자들은 도덕에 관한 설명에서 계몽주의 이후 득세한 자유주의의 적절성에 문제를 제기해 왔습니다. 개인의 자유를 최고의 가치로 여기는 자유주의에 대한 하우어워스의 비판은 이들과 궤를 같이합니다. 하우어워스는 자유주의가 추구하는 윤리, 즉 역사적 배경, 종교적 신념, 형이상학적 관념을 배제한 윤리를 제시하는 것은 절대로 성취될 수 없으며, 도덕을 진공상태로부터 출발하려는 잘못된 시도라 비판합니다.[20] 계몽주의 기획은 인간의 이성을 토대로 하는 '합리성으로서의 합리성'과 그에 상응하는 '정의로서의 정의'의 개념이 실재한다고 믿도록 우리를 가르쳐 왔습니다. 이는 결국 모든 정의의 해석에 풍부하게 내재된 전통과 덕스러움의 특성을 보지 못하게 만들었습니다.[21] 정의에 대한 자유주의적인 해석은 한 사회나 공동체가 존속해 오면서 형성된 관습과 전통, 가치와 이야기에 의존하고 있는 것들을 분리시켰습니다. **하지만 정의는 개인적일 수도 없고, 탈전통적이지도 않습니다. 그것은 공동체적이자 관계적이고 인격적입니다.**

교회는 그 자체로 하나의 사회적 신체(몸)이자, 시민사회에 있는 자발적 결사체로 환원될 수 없는 공적인 그리고 공동체적인 존재입니다.[22] 교회는 오늘날 국가와 정치가 구현하고자 하는 보편적 선과 진리 체계를 갖추고 있을 뿐 아니라, 개개인의 계약관계를 넘어서는 진정한 연대와 사랑을 실천하는 그리스도의 몸입니다. 하우어워스의 입장에서 볼 때 공공신학은 공론장 안에서 교회의 입지를 드러내기 위해 공적인 언어로 복음과 예수 이야기를 변형시키려 했지만, 그것은 자신을 하나의 세속종교로 축소시키려는 시도입니다. 그것은 그리스도의 신실한 제자도를 세속적인 시민의식으로 전환하려는 잘못된 접근이라 할 수 있습니다.

식민지에서의 전략

식민지에서의 생활은 안정되어 있지 않습니다. 오늘날 자유와 평등이라는 명분으로 모든 사람을 사로잡은 무신론적 문화는 교회와 그 백성들을 적으로 간주합니다. 하나님 나라의 식민지가 되는 것은 세상의 한복판에 정착하고 울타리를 치고 자기의 영역을 고수하는 것을 뜻합니다. 그러나 하나님 나라의 식민지는 자신들의 보호와 삶의 안정을 추구하는 것이 일차적인 목적이 아닙니다. 식민지가 의미 있으려면 전체 세상을 향한 분명한 존재 이유가 있어야 합니다. 또한 자체의 생존을 넘어서서 하나님의 구원 역사에 일원으로 참여해야 합니다. 교회를 식민지라고 했을 때, 그것은 신학적인 의미든 지리적인 의미든 한 장소, 요새화된 진지를 의미하지 않습니다. 식민지 거주민들은 예수님의 첫 제자들에게서 볼 수 있듯이 예수님을 따라가고자 애쓰면서 살아가는 백성입니다. 그래서 식민지의 삶은 곧 모험이죠.[23] 모팻Moffatt은 빌립보서 3장 20절의 "우리의 시민권은 하늘에 있습니다"라는 구절의 폴리튜마*politeuma*를 '식민지'로 번역했습니다. 다시 말하자면, 낯선 땅에서 낯선 사람으로 사는 일, 곧 다른 사람들의 세상에서 뿌리를 내리고 살아가는 나그네가 곧 그리스도인의 정체성이라는 것입니다.[24]

교회가 세속사회에서 하나의 식민지이며 타문화 한가운

데 있는 섬이라는 것은 그들과 전혀 다른 언어와 전통에 서 있다는 의미입니다. 그 섬에 들어가기 위한 몇 가지 절차가 있습니다. 첫째는 '세례'이고 그다음은 '주의 성찬'입니다. 우리는 세례를 통해 우리의 시민권이 한 나라에서 다른 나라로 바뀌게 됩니다. 그때 우리는 우리가 속한 사회가 어디든지 간에 그곳에서 나그네 된 거류민의 신분으로 변하게 됩니다.[25] 세례는 과거의 삶과의 단절을 의미할 뿐 아니라 새로운 존재로 거듭남을 상징합니다. 나그네 여정의 첫 관문인 세례를 통과할 때 우리는 앞서 이 여정을 떠난 선배들을 마주하게 됩니다. 예수 그리스도의 이야기를 따르는 세속의 나그네들은 광야를 이동하는 이스라엘 백성처럼 주변 문화의 공격과 위협에 노출될 뿐 아니라 언제나 스스로를 지키고 탁월한 삶의 가치를 증명해야 하는 부담감을 안고 살았습니다.

그렇다고 너무 두려워할 필요는 없습니다. 세속사회가 거대한 단일체로 구성된 듯 보이지만 실상은 모래성처럼 금방 무너져 버릴 약한 끈으로 이어진 형체일 뿐입니다. 미셸 드 세르토는 '보편적 다수'로 구성되는 사회란 존재하지 않는다고 주장합니다. 즉 다수는 수많은 소수의 소수성, 다양한 소그룹 공동체들이 연대하고 살아가는 사회로서만 존재할 뿐입니다. 소리 없는 다수로서 다양한 소그룹 공동체들이 존재하는 사회에서는 단일한 문화와 역사, 이야기가 공유되지 않을 뿐 아니라, 서로를 향한 이해관계들이 충돌하기 마련입니다.[26]

오늘날은 다수의 이야기보다 소수의 이야기가 훨씬 의미 있고 중요하게 받아들여집니다. 다수의 사회가 유지되는 핵심은 그들이 자신의 이야기를 있는 그대로 표현하기 때문입니다. 그런 이야기를 지배하는 사회에서 우리는 우리만의 이야기를 전달해야 합니다.

우리는 살아 있는 이야기를 가진 사람들입니다. 그것은 세속의 언어로 포장되어 있지 않습니다. 진리를 담은 언어와 성품으로 가득 찬 신실한 이야기입니다. 낯선 땅에서 자신의 정체성을 유지할 수 있는 것은 자신의 뿌리 되는 이야기와 공동체를 잊지 않는 것입니다. 세속에 둘러싸여 있는 식민지로서의 교회는 그들만의 이야기를 보존하는 공동체로서 존재합니다. 예수님의 이야기는 하나의 해석학적 관점을 제공합니다. 세속의 문화와 가치를 그분의 이야기와 대조하여 평가할 뿐 아니라, 그것을 거슬러 올라가 살아갈 수 있는 동력을 제공합니다. 그것은 스스로를 고립시키고자 하는 전략이 아닙니다. 하우어워스의 교회를 향한 집중은 양적인 부흥을 목표로 하는 것이 아니라, 탈교회의 시대에 생존을 목표로 하는 필사의 노력인지도 모릅니다.

우리는 인정해야 할 것이 있다. 그리스도인이 분열된 세상 속에 존재함 그 자체를 기꺼이 받아들여야 한다는 것은 우리가 세상의 비극적 특징을 발견하지 않고서는 살아갈 수 없음

을 의미한다는 것이다.27

하우어워스에게 교회는 세상과 결코 같은 존재가 될 수 없습니다. 이것을 분리주의적인 퇴거라고 비판한다고 해도 그는 개의치 않을 것입니다. 세상 역시 하나님의 창조물이지만 세상은 여전히 하나님을 알지 못할 뿐 아니라 두려움을 연료로 삼아 폭력의 불길을 계속해서 태워 내는 곳입니다.28 이 세속은 진정한 평화를 알 수도 없고, 설사 안다고 하더라고 그것을 구현할 수 있는 방법이 없습니다. 파편화된 인간으로 구성된 사회는 승자가 독식하는 게임의 법칙만이 존재할 뿐입니다. 나그네 된 공동체에게는 새로운 전략이 필요합니다. 그 전략은 하우어워스가 주장하듯 바로 교회됨에 있습니다. 자신의 있는 모습 그대로 살아가는 방식이 바로 최고의 전략입니다.

공동체의 실천들

분열된 개인으로 살아가는 시대에서 교회는 공동체를 통하여 새로운 사회를 향한 염원을 그려 냅니다. 그것은 세속사회가 제공해 줄 수 없는 경험과 영역의 것입니다. 절망 속에 피어나는 새로운 나라를 향한 희망은 계산된 전략에서는 나올 수가 없습니다. 구원의 내러티브로 구성된 교회 공동체가 오랫동안 보존해 왔던 믿음으로만 그려 낼 수 있습니다. 나그네 된 교회 공동체는 자신의 교회다움을 실천할 때 가장 정치적일 수 있습니다. 교회는 존재를 통해 복음을 증언하는 동시에 그리스도의 현존을 직간접적으로 드러내는 공적인 정치체입니다. 교회 공동체로 존재하면 세상에서 지속적으로 그리스도의 복음을 들려주는 내러티브의 존재로 남을 수 있으며,[29] 동시에 정치적 판단과 실천을 지속할 수 있습니다. 우리가 공동체로 모이는 것은 교회론적이면서 동시에 종말론적입니다. 그리스도와 함께 모이는 공동체는 거룩한 이들the saints 의 연합으로서 현재인 동시에 미래적인 역설적 특징을 갖습니다.[30] 세상과 다른 형태의 정치적 공동체를 지향함으로써 세속의 대안과 희망의 메시지를 제공합니다.

기독교가 세상과의 관계에서 변증의 형식을 취할 경우, 다시 말해 교회의 언어와 세상의 언어의 공통분모를 찾는 방식으로 관계를 설정할 경우, 기독교의 답변은 협소해질 수밖에 없습니다. 이를테면 '죄'를 심리학적 개념으로, '구원'을 감정적인 욕구 충족의 개념으로 변형시킴으로써 세상을 복음으로 변화시키는 것이 아니라, 복음을 세상에 맞추어 변화시키게 됩니다.[31] 복음을 전파하기 위해 세속의 겉옷을 입는 순간 복음은 세속적인 메시지가 되고 맙니다. 그것은 복음의 변질이자 곧 교회의 실패입니다. 하나님의 축복을 물질적인 언어로, 무병장수하는 인간을 추구하는 삶으로 받아들이게 됩니다. 하우어워스는 끝까지 이런 것들을 경계했습니다.

공적 언어와 자유주의 정치는 교묘하게 그리스도인들을 '낯선 거류민'에서 '시민'으로 바꾸어 놓았습니다. 그리스도인의 삶과 신념은 자유주의를 거치면서 보편성을 띤 언어로 서술되었고, 점점 희석되어 마침내 그 길을 잃어버리고 말았습니다. 하우어워스는 현대사회에서 그리스도인들이 복음보다 자유주의적 합리성에 길들여지도록 교육받은 사고의 습관을 지적합니다.[32] 그는 교회에 생명을 불어넣기 위해 이성적이고 보편적인 언어로 신앙을 포섭시키려는 논증의 번역을 거부합니다. 그리스도인들은 현실의 문제를 이성적으로 논증하는 대신, 그의 삶을 통해서 믿음으로 증명하기를 시도해야 합니다. 교회가 진정으로 고민해야 하는 것은, 비그리스도인들을 신앙적으로 어떻게 설득하는가의 문제가 아니라 교회가 어떻게 하나님의 뜻에 일치하는 존재로 살아갈 수 있을까에 있습니다.[33]

이러한 공동체적 실천에서 '가정' 역시 중요한 장이 될 수 있습니다. 하우어워스는 정치적 자유주의가 교회뿐 아니라 가정까지 약화시켰다고 비판합니다.[34] 현대사회는 비인격적이고 합리적인 형태의 연대에 의존하면서 가족과 같은 친밀한 관계성을 무너뜨렸습니다. 수많은 개인의 경쟁적이고 분리된 사회에서 가족과 같은 친밀한 공동체는 경쟁의 가치에 반하여 존재하게 됩니다. 이런 사회에서 가족 공동체는 어느덧 기타의 사회적인 관계들과 유사하게 변해 가고 있습니다. 계약과 이익을 추구하는 세속의 관계처럼, 가족관계는 권력과 물질적 가치에 함몰되고 있습니다. 부모의 관심과 사랑은 자율적 인간인 자녀를 억압 또는 통제하는 권위주의와 전체주의처럼 비춰질 수 있으며, 자녀들의 자율성을 침해하고 또 그들의 선택을 존중하지 않는 것이 됩니다.

공동체의 최소단위로서 가정은 본래 덕과 성품의 학습장이자 사회성을 익히는 기초단위입니다. 가정은 한 인격으로서 살아가는 기본적인 삶의 태도와 가치관을 익히고 배우는 곳입니다. 하우어워스는 가정을 사회로부터 우리를 보호해 주는 마지막 안식처이자 개인의 정체성을 형성하는 자리라고 말합니다.[35] 가정에서의 배움은 부모를 닮거나 본받아 반복하는 훈련과 습관을 통해 이루어집니다. 하지만 가정의 붕괴와 해체는 도덕적 토대의 상실인 동시에 공동체적인 가치체제의 붕괴라 할 수 있습니다. 물론 도덕적으로 이상적인 특정한 형태의 가정이 존재한다는 말은 아닙니다. 가정은 이기적인 사람을 길러 낼 수도 있고, 비이기적인 사람을 길러 낼 수도 있습니다. 하우어워스는 가정이 갖는 도덕적인 가치와 형성의 능력을 다시 주목하려는 것입니다. 자율적 인간을 추앙하는 사회에서 가정과 교회 공동체는 새로운 인간과 인격을 함양시킬 뿐 아니라 세속사회가 지향할 수 없는 더욱 본질적인 삶을 살도록 안내하는 토대이기 때문입니다.

탈세속적인 가치와 삶을 지향하는 교회 공동체와 가정은 오늘날 세속사회의 유일한 대안일 뿐 아니라, 존재적 변화를 일으킬 수 있는 몇 안 되는 희망입니다. 함께 떡을 떼며 잔을 나누는 생명의 연대는, 서로가 깊이 연결되어 있을 뿐 아니라 함께 존재함으로 살아가는 삶의 원리를 깨닫게 합니다. 교회는 세속과 전혀 다른 사회이자 공동체입니다. 그리스도의 공동체로 존재하는 교회와 가정은 파편화된 삶을 살아가는 현대인들에게 함께하는 가치를 가르치고 실천하게 함으로써 하나님 나라를 살아가게 할 것입니다.

4장

탈콘스탄티누스주의

정치와의 밀월 관계

스탠리 하우어워스는 《국가에 저항하며 *Against the Nations*》에서 라인홀드 니버가 제안하는 정치적 대안으로서의 교회를 거부합니다. 국가의 뒤편에서 영적 또는 도덕적인 조력자로 현 사회를 지지하고 버팀목을 자처하는 교회의 공적인 참여를 그는 교회의 실패로 규정했습니다. 더 나아가 민주주의가 하나님 나라를 구현하는 가장 좋은 체제가 아니라고까지 말합니다.[1] 그렇다고 해서 하우어워스가 공산주의나 다른 정치체제를 선호했던 것은 아닙니다. 20세기 말, 냉전 시대에 그리스도인들은 미국과 소련, 민주주의와 전체주의, 둘 사이에서 무엇을 선택할까를 고민해야 했습니다. 과연 양자택일이 그리스도인으로서 최선의 정치적 선택인지는 곰곰이 생각해 볼 필요가 있습니다. 그것은 21세기 신냉전을 맞고 있는 오늘날에도 마찬가지입니다. 우리는 다른 정치적 대안을 선택지로 상상할 필요가 있습니다.

하우어워스는 자유주의에 길들여진 교회는 개인의 행복과 가치를 최우선시하는 사회에서 복음의 진실을 말하지 못할 뿐 아니라 복음의 증언이라는 교회 본연의 역할까지 소홀할 수 있다고 판단했습니다. 자신이 속한 국가(정치권력)와의 결탁을 거부하는 하우어워스 입장이 무정부주의나 반사회체제를 지지하는 듯한 인상을 남길지 모릅니다. 하지만 그의 메시지는 명확합니다. **하나님 나라보다 앞선 국가는 존재하지 않으며, 그리스도인들의 부르심은 좋은 시민이 되는 것이 아니라 하나님 나라의 신실한 백성이 되는 것입니다.** 우리는 국가에 봉사하기 위해 태어난 사람이 아닙니다. 그리스도 안에서 하나님 나라를 구현하기 위해 부름받았습니다. 교회는 국가에 봉사하는 공공의 종교가 아닌 국가를 뛰어넘는 하나님 나라를 실천하는 공동체입니다.

크리스텐덤의 종말

스탠리 하우어워스는 《교회의 정치학》에서 오늘날 자유주의가 취하는 정치적 전제들에 도전하면서 다음과 같이 말합니다.

콘스탄티누스주의는 버리기 힘든 습관이다. 계속 권력을 쥐고 있음으로써 아주 많은 선을 행할 수 있는 것처럼 보일 때에 특히 그렇다. 이 습관이 버리기 힘든 것은 서구 문명의 필수요소로 자리 잡은 교회의 위상에 의해 우리의 모든 범주가 결정되기 때문이다.[2]

로마 제국 당시, 초창기 기독교의 형성은 철저히 권력과 연결되어 있었습니다. 로마로부터 국교로 인정받은 기독교는 황제의 비호하에 상당한 지위와 영향력을 누리게 됩니다. 교회는 로마 제국의 정신적, 문화적, 윤리적 토대를 제공하며, 더 나아가 제국의 번영과 전쟁을 지지하기까지 합니다. 억압받던 소수의 종교에서 강력한 정치적 후원 속에 제국의 종교로 거듭납니다. 앞서 설명한 것처럼 이것을 '콘스탄티누스주의' 또는 '크리스텐덤'[3]이라고 부릅니다. 로마의 국교가 된 기독교를 복음의 확장이라는 선교적 차원에서 환영할 수 있으나, 내용적으로는 전혀 그렇지 않습니다. 당시 로마 제국의 성장은 곧 기독교의 성장이었습니다. 로마의 승리는 교회의 승리였고 곧 하나님의 축복으로 연결되었습니다. 하지만 하우어워스는 A.D. 313년, 기독교가 공인된 때부터 교회의 타락과 변질이 시작되었다고 봅니다. 권력과 결탁한 교회, 제국의 지배 이데올로기를 하나님의 승리로 포장한 교회는 하나님께 복종하는 것이 아니라, 역사의 승리자 곧 권력과 자본의 힘을 숭배하면서 결국 타락하기 시작합니다.

콘스탄티누스주의는 종교를 제국의 통일과 시민들의 안정을 위해 국가종교로 활용합니다. 국가에 복종하는 것이 곧 하나님께 헌신하는 것이며, 하나님은 국가의 신이 되고, 정치인들은 그 신의 대리자가 됩니다. 신의 아들이자 황제가 다스리는 로마는 신성한 국가를 이룩합니다. 이런 상황에서 새로운 제국의 종교로서 교회는 국가를 위한 교회, 즉 시민종교 civil religion의 공적인 업무를 담당합니다.[4] 사회를 안정시키고 시민들의 도덕적 성품을 훈련시키는 국가의 비공식적인 임무를 부여받습니다. 이러한 시스템은 적어도 14-15세기까지 아무런 도전도 받지 않은 채 유지되었고, 교회와 국가가 지배하는 문화에서 서로의 이익을 위해 봉사하는 머리가 둘 달린 이상한 괴물을 탄생시켰습니다.[5] 한쪽으로는 하나님을, 다른 한쪽으로는 국가를 섬기는 이상한 종교가 등장한 것이죠. 교회는 자신을 후원하는 국가를 하나님 나라로, 정치인들을 신성한 임무를 수행하는 신앙의 영웅으로, 시민들을 하나님의 백성으로 인정하기 시작합니다.

그렇다면 오늘날은 어떨까요? 안타깝게도 종교의 정치를 향한 봉사는 지금도 지속되고 있습니다. 어쩌면 기독교의 탄생이 곧 권력과의 결탁이기에 그 속성을 버리지 못하는 듯합니다. 이것은 한국 교회도 마찬가지입니다. 1965년부터 시작한 국가조찬기도회가 대표적인 사례입니다. 집회의 자유가 금지된 시절, 유독 기독교의 대규모 부흥회는 허용되었습니다. 현실 세계의 고달픔을 종교의 힘을 통해 승화하려는 정치권의 목적과 종교적 세력의 확장을 꾀하는 기독교의 욕망이 맞아떨어진 것입니다. 당시 한국 교회를 대표하던 유력한 목회자는 군부독재를 비호할 뿐 아니라 군대를 동원하여 정권을 잡은 이를 모세로 추앙하기도 했습니다. 애굽에서 가나안 땅으로 인도했던 모세로 비유하면서 한국 사회를 새로운 사회로 이끌어 갈 것이라 축복했지요. 한국 교회의 급격한 성장을 순수하게 바라볼 수는 없는 이유이기도 합니다.

콘스탄티누스주의는 사회의 모든 영역에서 작동합니다. 이것은 기독교의 사회적 책무를 가지고 올바른 사회를 만들기 위한 소명과 정치화된 목적이 일치할 때 발생합니다. 하나님으로부터 주어진 의로움을 기준으로 사회의 질서를 변혁시키고 기독교적 가치를 통해 시대적 정신을 완성하려는 공적 참여를 시도합니다. 시민들이 그리스도를 구주로 고백하지 않아도, 그리스도인이 아니어도 상관하지 않습니다.[6] 중요한 것은 하나의 힘이자 세력으로서 사회를 주도하는 것입니다. 권력화된 교회, 자본으로 움직이는 교회는 곧 성공적으로 하나님의 뜻을 수행하는 집단이 되었고, 정치세력은 기독교와의 밀월 관계를 통하여 서로 원원하는 전략을 취합니다. 세상을 하나님의 왕국으로 세우려 할 뿐 아니라, 교회가 속한 나라를 기독교 국가로 변화시키려 노력합니다. 콘스탄티누스주의를 신봉하는 교회들은 자신이 속한 사회의 정치와 제도를 통해 기독교의 이상을 실현할 수 있다고 생각합니다.[7]

하우어워스에게 상당한 영향을 미쳤던 존 하워드 요더는 콘스탄티누스주의를 강력하게 거부합니다. 그는 그리스도인의 믿음은 믿음의 환경 밖에 관심을 두지 않아야 한다면서 교회가 사회와 친밀해지는 것을 경계합니다.[8] 주류 교회의 권력 지향은 곧 교회이기를 포기하는 행동일 뿐 아니라 정치의 종교화, 반대로 종교의 정치화라는 괴물을 탄생시킵니다. **하우어워스에 따르면, 오늘날 교회가 정부 정책에 결탁하거나 사회 개선의 전략을 제안하는 보조역할을 자임하는 것은 현대판 콘스탄티누스주의일 뿐입니다.** 세상의 정치에 동화되거나 결탁하는 것은 교회의 정체성을 포기하고 성경적인 신앙을 단지 문화현상으로 이해하는 것입니다.[9]

기독교 역사에서 국가와 종교의 관계 설정은 여전히 풀리지 않는 숙제와 같습니다. 어느 유형이 '더 좋다' 또는 '더 나쁘다'로 설명할 수 없습니다. 잘 알려진 것처럼 리처드 니버는 《그리스도와 문화》(IVP, 2007)에서 교회와 국가의 관계를 다섯 가지로 분류합니다. 그중에 첫 번째 유형은 '문화와 대립하는 그리스도christ against culture'로 교회와 국가를 본질상 나뉘어 있는 것으로 인식합니다. 니버의 분류에 따르면, 재세례파를 비롯해서 하우어워스가 이 유형에 속합니다. 하지만 '문화와 대립하는 그리스도' 유형은 세속정치와 문화, 그 자체의 힘과 능력을 인정한다고 볼 수도 있습니다. 하나님 없이도 국가 스스로 목적과 정당성을 취하는 가능성을 열어 두는 것이기에 경계할 필요가 있습니다.

크레이그 카터Craig A. Carter는 니버의 다섯 가지 유형론을 다시 두 가지 유형으로 정리합니다. 교회의 작동방식을 폭력의 유무로 구분하면서 'Christendom vs Non-Christendom'으로 설명합니다. 그리고 크리스텐덤 유형을 다시 3가지로 세분화하는데, 'Christ legitimizing Culture', 'Christ humanizing Culture', 'Christ transforming Culture'입니다. 이들은 기독교의 힘을 통하여 문화를 정당화하거나 예수님을 세속적 존재로 문화화하고 그 문화를 변화시키려 합니다. 반대로 비크리스텐덤 유형은 비폭력의 방식으로 세상과 관계를 맺고 때로는 세속문화와 동떨어진 분리적인 태도를 취합니다. 흥미롭게도 카터는 'Christ humanizing Culture'와 'Christ transforming Culture'에서도 비폭력적 방식이 가능하다면서 마틴 루터 킹과 마더 테레사를 예시로 듭니다.[10] 교회가 여러 가지 방식으로 세속사회에 참여할 수 있지만 그 핵심은 태도에 있습니다. 정복주의자의 모습으로 교회의 내러티브와 사랑의 실천을 강제하는지 아닌지에 달려 있습니다. 그것은 십자가의 예수님과 전혀 다른 방식이기 때문입니다.

하우어워스는 국가와 세속문화가 교회와 완전히 동떨어져 있다고는 이해하지 않습니다. 오늘날 공공신학의 주장처럼 공공선을 위한 교회의 공적 참여를 적극적으로 지지하지 않는 것만 봐도 그가 공적 참여에서 소극적인 것은 분명합니다. 그는 공적 교회론public church을 거부하면서 그리스도인들이 '더 나은 사회'를 만들기 위해 현실 사회의 구조 안에서 대화하고 토론하는 것을 교회의 타락으로 인식했습니다. 오히려 교회는 신실한 공동체 그 자체가 되는 것을 추구해야 한다고 말합니다.

세속과 대화하는 것은 하우어워스에게 하나의 변절 행위인지도 모릅니다. 오늘날 다수의 국가가 채택하고 있는 민주주의 체제가 인간의 자유와 평등을 위해 적합한 구조인 듯 보이지만, 민주주의의 일차적인 실체는 각각의 개인이며, 사회의 존재 이유 역시 개인의 이익과 번영을 지원하는 구조를 취합니다.[11] 자유민주주의 체제는 개인의 이익을 최우선 가치로 추구하기에 우리가 꿈꾸는 이상적인 사회와 공동체를 만들기에는 부족함이 있습니다. 공통의 토대 형성 역시 개인의 이익을 위한 것이기에 온전한 공공public을 세워 가는 일은 처음부터 불가능할지 모릅니다.

루소의 주장처럼 근대국가는 시민들의 자율적인 계약관계를 통해서 그 정당성과 권위를 인정받습니다. 종교에서 국가로 권위가 이동하면서 시민들의 문화와 정서를 담당했던 국가가 종교의 자리를 대체하기 시작합니다. 국가는 종교처럼 스스로 신성함을 취하면서 최고의 권위와 위엄을 갖추어

갑니다. 국가를 위한 희생과 충성을 신성한 의무인 듯 둔갑시켜, 국가주의 또는 민족주의라는 배타적인 시민의식을 형성해 왔습니다. 신을 위해서 싸우던 이들이 오늘날은 국가를 위해서 싸웁니다. 그 실체가 모호한 상상의 공동체인 국가를 보호하고, 그 싸움을 거룩한 전쟁holy war 또는 정당한 전쟁just war 으로 간주하기 시작했습니다. 어떻게 이런 생각들이 가능하게 되었을까요? 국가가 종교를 밀어내고 어떻게 시민들의 의식과 무의식의 주인으로 자리하게 되었을까요? 바로 종교가 국가 권력과 타협을 했기 때문입니다. 자신의 안전과 지위를 보장받는 대신, 일정 부분 자신들의 권한과 영역을 국가로 이전한 것입니다.

로널드 레이건 대통령 당시 교육부 장관을 지낸 윌리엄 베넷은 미국 건국 과정에서의 기독교 역할을 술회하면서 민주주의의 안정적인 작동을 위해 종교가 필요하다고 말합니다. 크게 두 가지 이유인데, 첫째, 종교는 정치에 윤활유와 같은 역할을 하면서 시민들이 각자의 자리에서 성실하게 책임감 있도록 살게 하며, 둘째, 종교는 사회의 안정을 위해 시민들에게 민주주의의 필수 덕목인 관용적 태도를 훈련시켜야 한다고 주장합니다.[12] 민주주의를 하나의 신성한 제도와 원리로서 받아들이는 충성스러운 백성을 양육시키기 위해 교회는 그들의 권위를 인정해 줄 필요가 있었다는 것입니다. 교회는 국가로부터 분리되어 자신의 전통과 교리를 수호하기 위해 배타적인 태도를 취할 수 있지만, 미국 사회를 지탱할 수 있는 미국식 기독교가 필요했던 것입니다.

하지만 하우어워스는 그리스도인이 된다는 것과 미국인이 된다는 것은 결코 동일할 수 없다고 주장합니다. 예수님의 내러티브와 국가의 내러티브는 일치될 수 없습니다. 하나는 폭력을, 다른 하나는 비폭력을 주장하기에 서로 만날 수 있는 지점이 존재하지 않습니다. 미국의 기독교는 관용의 종교, 포용적 신앙을 추구하는 기독교의 본질적인 특징을 지니기보다, 미국 사회의 민주주의 체제와 다원성을 지탱하기 위한 윤리적 토대를 제공하는 것에 만족했는지 모릅니다. 하지만 하우어워스는 이러한 모든 결합을 거부합니다.

공론장은 과연 신성한가?

민주주의 사회에서 투쟁은 '대화'와 '토론'의 장을 통해 표출됩니다. 다양한 주제와 관심들을 여러 가지 관점에서 비판하고 지지하면서 사회의 공론화 과정을 거치게 되죠. 대중들의 호응에 따라 담론으로서 생명력을 유지하기도 하지만, 정당한 근거로 뒷받침되지 않는 주장들은 곧 소멸하고 맙니다. 공론장에서는 말하려는 주장 못지않게 그것을 전달하는 방식, 즉 공적 태도도 중요합니다. 윌리엄 캐버너는 제프리 스타우트가 민주주의의 정상적 작동을 위해서 민주적 태도의 훈육을 강조한다고 주장합니다.[13] 민주사회에서 이러한 합의 정치는 하나의 신성한 지위를 부여받습니다. 신으로부터 부여받은 권위는 아니지만, 다수의 개인이 동의하고 위임한 권한으로 나름의 정당성과 권위를 갖습니다. 세속의 민주주의에서 종교는 그 대화의 테이블에 허용되지 않은 이방인과 같은 존재입니다. 합리성이라는 게임 룰을 따를 수 없는 변종으로 치부되어 대화 파트너로 인정받지 못했습니다. 그러나 최근 세속화 이론에 대한 반기로 등장한 후기세속화post-secular 논의의 부상으로 종교는 강력한 공중으로 다시 인정받고 있습니다. 종교의 공적 역할을 주목하는 움직임 가운데 가장 앞장서 있는 위르겐 하버마스는 민주사회의 치유자 또는 보완자로서 기대를 모으고 있습니다.

마이클 레더Michael Reder와 조세프 슈미트Josef Schmidt는 "하버마스와 종교Habermas and Religion"라는 글에서 하버마스의 종교에 관한 태도 변화를 흥미롭게 바라봅니다. 1970-80년대의 세속화 논의처럼 종교가 곧 사라질 것이라는 예상과 달리 오늘날은 사회 안정과 시민들의 일상적 삶에 종교가 너무나도 중요한 부분을 담당하고 있습니다.[14] 종교가 지니는 다양한 공적 역할이 매우 중요합니다. 개인들의 정체성을 형성하고 그들이 속해 있는 공동체의 정신적·문화적 토대를 제공하며, 사회적 이슈들에서 다양한 의견을 제시하면서 건전한 방향으로 사회가 나아가도록 안내합니다.

세속화 이론은 하나의 신화로까지 치부되고 있습니다. 종교가 공적 영역에서 쇠퇴하고 개인의 사적 영역으로 간주되는 세속화를 당연한 것처럼 받아들이기도 했습니다. 종교는 영혼의 문제와 개인의 길흉화복에만 관심을 두지 않습니다. '후기세속사회post-secular society'[15]에서는 종교가 다시금 공공의 영역으로 복귀하여 막강한 존재감을 드러냅니다. 그 힘은 사회에 긍정적인 영향을 제공하기도 하지만, 911테러와 같이 전쟁과 폭력을 야기하면서 사회의 부정적인 요소로 작동하기도 합니다.

복음의 공적 참여는 창조 세계를 선하게 돌보시는 하나님의 거대한 구원 이야기에서 반드시 필요한 부분입니다. 모든 피조 세계를 하나님의 선한 뜻대로 운영할 뿐 아니라, 그분의 나라가 임하도록 적극적으로 참여할 책임이 모든 그리스도인에게 있기 때문입니다. 하지만 세속사회와 대화하고 협력하는 과정에서 교회는 복음의 언어를 세속의 언어로, 신앙적 행위를 시민적 행동으로 전환해야 하는 부담이 있습니다. 하버마스는 이를 '번역translation'의 필요성으로 설명합니다. 교회의 공적 참여를 주장하는 공공신학 입장에서 교회는 하나의 공적 기관public institution입니다.[16] 자신이 속한 사회의 공적 의제들을 다루는 데 교회가 적극 참여하면서 더 나은 사회를 만들어 가는 데 협력하는 것을 사회적 책임으로 간주합니다. 라인홀드 니버에서 출발한 공공신학의 흐름은 민주주의 체제를 지지하고, 합리적이고 토론 가능한 이성과 신앙을 중심으로 그리스도인이 한 명의 시민으로서 살아가는 것을 긍정합니다.

그러나 하우어워스는 이런 방식의 교회 참여를 반대합니다. 복음으로 살아가는 것은 시민사회의 한 구성원이 되라는 것을 넘어서서 세속과는 전혀 다른 정체성과 가치관으로 살라는 요청이기 때문입니다. **복음에 참여하는 것은 나그네 된 백성이 되고 세속의 대항문화에 참여하며, 교회라는 이름의 새로운 폴리스polis에 가입하는 것입니다.** 복음이 우리에게 제안하는 것은 오랫동안 교회가 유지해 온 믿음의 옛 체계를 어떻게 하면 현대의 믿음 체계들과 조화시킬 수 있느냐를 다루는 지적인 딜레마가 아닙니다. 오히려 예수님이 우리에게 던지는 문제는, 하나님께서 우리와 함께하심을 보여 줬던 이야기를 신뢰하고 따르면서 이 낯선 공동체에 어떻게 충성할 것인가 하는 정치적 문제입니다.[17] 오늘날 교회는 성경이 제시하는 복음에 귀를 기울이기보다는 세속이 제시하는 복음에 더 관심을 두고 있습니다. 하나님 나라를 구현한다는 미명하에 마치 자신들의 힘으로 그 나라를 세울 수 있다는 착각 속에 살아갑니다. 그러나 하우어워스는 교회의 사회적 참여를 주장하는 이들에게 반문합니다.

왜 그리스도인이 공론의 장에 맞추어 거기에 기여할 수 있어야 한다고 가정하는 것일까? 만약 그리스도인들이 맥코믹Richard McCormick과 같은 생각을 전제하고 로마 사회에 진입했다면 어떤 결과가 나왔을까? 그리스도인이 기독교 공동체 특유의 정신 때문에 특정 사회의 정신과 심각한 불연속성을 갖게 될 가능성은 없을까?[18]

교회의 으뜸가는 책무는 두려움이 아닌 신뢰가 삶을 지배할 수 있음을 보여 주는 공동체가 되는 것입니다. 국가와 적당하게 타협하면서 그들의 통제로부터 자유로운 종교를 지향하는 것이 아니라, 교회의 정치는 국가가 수행해 왔던 것보다 훨씬 더 진실하고 정의로운 사회를 분명히 보여 줄 수 있어야 합니다.[19] 윌리엄 캐버너는 《신학, 정치를 다시 묻다》에서 '기독교의 신학들이 국가 정치를 지지할 것인가, 하지 않을 것인가?' 이 사이에서 너무나 자주 길을 잃곤 했다고 비판합니다. 특히 정치신학political theology과 최근의 공공신학은 국가와 종교의 밀접한 관계를 강조하면서 교회의 본래적 모습을 상실한 채 시민사회의 한 구성원으로 자리하고 있다며 안타까워합니다.[20] 물론 사회적 약자를 돌보고, 정치적 이데올로기화를 반대하는 공적인 목소리를 내면서 세속사회의 정의와 평화를 위해 노력하는 일을 평가절하하는 것은 아닙니다. 하우어워스가 우려하는 것은 그것이 교회의 최우선 과제가 아니라는 점입니다.

세속정치에 참여하려는 그리스도인의 열정은 교회가 지닌 더 심오한 정치적 책무를 왜곡시킵니다. 사회정의에 관심을 두는 그리스도인은 정작 우리 사회와 정치가 지닌 도덕의 전제조건을 면밀하게 검증하지 못합니다. 자유주의의 원리를 추앙하는 것은 전혀 정의롭지 않은 사회에서 마치 온전한 정의가 가능한 것처럼 인식하게 합니다. 교회 역시 자유주의 정치를 모방하면서 교회 스스로가 본래의 정치체라는 사실을 망각하고 있기도 합니다. 오늘날 교회는 세속사회가 제대로 인식하고 해석할 수 있는 능력을 갖추도록 돕지 못하고 있습니다.[21] 세속의 정의와 평화 담론을 넘어선 하나님의 미슈파트(정의)와 샬롬(평화)이 무엇인지 선포하는 것이 진정한 사회적 참여라는 사실을 기억해야 합니다.

자유주의의 대원칙은 이것입니다. 인간 역사에는 모두에게 적용 가능한 원칙은 없으며 자율적 존재의 이성적 판단에 근거하기 때문에 공공의 선을 추구하는 것 역시 철저히 개인의 이익에 부합되는 경우로 한정시킵니다. 공적 이익이란 존재할 수 없으며, 다수의 이익의 총화로서 공공정책이 결정될 경우 결국 이익 집단 간의 충돌로 인해 사회적 갈등을 일으킬 수밖에 없을 것입니다. 물론 다양한 대화와 타협의 시도로 어느 정도 갈등이 진정된 듯 보이지만 그것은 임시적일 뿐입니다. 자유주의처럼 사회를 하나의 사회계약설에 근거한 정치체로 이해할 경우, 도덕과 가치는 그 어디에서도 설 자리를 찾지 못할 것입니다. 결국 인류가 오랫동안 유지해 온 전통과 공동체의 덕목들은 무용지물이 되고 말 것입니다.

그리스도인의 정치적 과제는 공적 영역에 참여하면서 세상을 변화시키는 데 있지 않습니다. 우리의 과제는 참된 교회를 세우는 데 있습니다. 이 세상을 더 좋게 만드는 것이 우리의 첫째가는 과제라고 말하는 태도는 온당치 못합니다. 왜냐하면 그리스도인들은 교회를 통하지 않고서는 세상을 바르게 해석하거나 이해할 수 없기 때문입니다. 교회가 존재하는 목적은 이 세상을 원활하게 굴러가게 만드는 데 필요한 일이 무엇인지를 묻고 사람들에게 그 일을 하도록 격려하기 위한 것이 아닙니다. 우리가 공공의 협조적인 기관으로서 얼마나 효과를 발휘하는지, 또 우리 성직자들이 세속에 도움을 주는 전문가로서 얼마나 제대로 일하는지가 교회를 판단하는 기준이 될 수 없습니다. 교회는 그 자체로서 존재 이유가 있는데, 그것은 이 세상 속에서 찾을 수 있는 것이 아니라 교회 자신의 임무 안에 숨겨져 있습니다.[22]

세상은 국가가 다스리는 것이 아니며, 하나님이 세상을 다스리시며 하나님 나라의 울타리는 가이사 나라의 경계선 너머에 있습니다. 교회의 정치적 과제는 제자도를 실천하며 희생을 감수하고 그 값을 치를 수 있는 사람들을 세우는 데 있습니다. 이것이 우리가 원하는 교회됨의 모습입니다.[23] 물론 콘스탄티누스주의는 정말 버리기 힘든 습관이자 성향입니다.

훨씬 세련되고 멋지고 깔끔해 보일 수 있습니다. 또한 권력을 계속 쥐고 있음으로써 아주 많은 선한 일을 행할 수 있는 듯 보일 때는 더욱 매력적으로 다가옵니다. 그러나 한 사회의 정신적 토대를 제공하는 종교는 문화 권력으로 변질되기 쉽습니다. 시민사회의 도덕 교사로 사람들의 내면에 자리 잡아 그들의 마음과 생각을 조정하는 종교는 그 자체로 이미 종교성을 잃은 것과 같습니다.

기독교는 민주주의의 수호신인가?

우리 대다수는 의심 없이 민주주의는 좋은 것이라 생각합니다. 20세기 중반에 공산 진영과의 결투에서 승리한 민주주의는 세계 평화를 선도해 왔으며, 모든 인간의 권리를 보호하려는 정책과 입법으로 상당한 성과를 거두었습니다. 하지만 민주주의가 시민들의 뜻을 따르는 과정에서 자칫 대중주의populism로 넘어갈 우려가 있습니다. 민주주의와 대중주의는 그 선이 분명하지 않습니다. 다수 선택으로 결정된 정책들은 다수의 이익에 봉사할 가능성이 있지만, 소수의 의견과 자유를 보호할 장치가 사라진다면 또 다른 전체주의로 발전할 수도 있습니다.

하우어워스는 그리스도인들이 자유주의의 최고 가치인 자유와 정의를 추구하는 것보다 그것을 세우시는 하나님을 잊지 말아야 한다고 주장합니다.[24] 국가의 지배 이념에 봉사하고 공공의 선을 추구하는 것도 필요하지만 그것이 그리스도인의 최우선 과제는 될 수 없습니다. 진정한 자유와 정의의 의미를 교회 공동체는 어떻게 해석하고 실천해 왔는지를 고찰해야 합니다. 그동안 한국 교회는 콘스탄티누스주의의 유혹에 빠져 정치참여에 적극적이었습니다. 광장에서 반정부 시위를 주도하는 한편, 특정 정당의 이익에 봉사하는 직접적인 정치참여를 시도하기도 했습니다. 공산주의로부터 이 땅을 지켜야 한다면서 믿음으로 악마(공산주의)와 맞서서 싸울 것을 외쳤습니다. 근본주의 개신교 목회자들의 설교는 이러한 정치적 선동과 크게 다르지 않습니다. 하우어워스 입장에서 이런 시도들은 교회가 타락한 결과입니다. 이것은 세속문화를 거스르려는 유혹이라기보다는 세속문화를 적극적으로 변혁할 수 있다는 달콤한 유혹이죠.

더 나아가 하우어워스는 미국 교회가 과거 히틀러를 지지했던 독일 그리스도인들과 크게 다르지 않다고 비판합니다. 자국의 이익에 충성하는 교회는 하나님이 아닌 권력을 숭배하는 집단이며 국가라는 신을 섬기는 시민종교가 되기를 자처했습니다. 1960-70년대 미국의 시민종교 논의를 이끌었던 로버트 벨라Robert N. Bellah와 리처드 뉴하우스Richard John Neuhaus는 공적 사회에서 종교의 중요성을 변호합니다. 사회의 안정적인 유지를 위해 종교는 공적 에토스를 제공할 뿐 아

니라 정치체제의 중요한 비판적 주체로서 역할이 필요하다고 말이죠.[25]

콘스탄티누스 이전의 교회는 우상숭배와 군사주의를 똑같은 것으로 인식한 역사상 유일한 교회였습니다. 당시 교회는 소수 공동체였으며 로마 황제를 추앙하는 군사주의를 우상숭배라고 거부했습니다. 요한계시록에 나온 것처럼 황제를 위한 제의 의식에 참여하지 않았을 뿐 아니라, 그곳에 바쳐진 음식 또한 거부했습니다. 하지만 4세기 들어서면서 기독교 내부에 엄청난 변화가 일어났고 교회는 기득권층과 결탁하면서 결국 평화주의의 길을 포기하게 됩니다.[26] 우리는 콘스탄티누스주의 세계관이 쇠퇴한다고 해서 슬퍼할 필요가 없습니다. 또한 기독교 문화라는 환경이 퇴보한다고 해서 안타까워할 이유도 없습니다. 오히려 그것은 환영해야 할 기회이기도 합니다. 콘스탄티누스식으로 교회와 세상을 하나로 묶었던 낡은 통합은 힘을 잃고 있으며, 그 결과 그리스도인들은 자유롭게 신나는 모험으로 가는 일에 최선을 다할 수 있게 되었습니다.[27] 한 꺼풀 덮여 있던 눈을 새롭게 뜨기 시작했습니다.

하나님에 의한 폭력의 독점과 국가에 의한 폭력의 독점 사이에 어떤 관계가 존재하든지 로마서 13장과 요한계시록 13장은 이 물음에 대해 근본적으로 다른 대답을 제시합니다. 그리스도인은 칼을 들고 백마 탄 자의 깃발 아래로 모여서는 안 됩니다. 오히려 십자가를 지고 십자가에 달린 메시아를 따라가야 합니다.[28] 그리스도인은 칼을 들고 메시아를 따르는 이가 아니라, '십자가'를 들고 순교의 자리에 서는 이들입니다. 미로슬라브 볼프는《배제와 포용》에서 "고통당하시는 메시아와 백마를 탄 자는 서로 하나다"라고 말했습니다. 그 둘은 피를 흘리게 하는 공모자가 아니라 비폭력을 촉진하는 협력자입니다.[29] 콘스탄티누스주의 이후로 기독교 국가들은 자신을 신성한 나라, 즉 메시아의 국가 또는 새로운 이스라엘을 자처합니다.[30] 이들은 진정한 하나님을 섬기는 것이 아니라, 하나님을 대체한 국가와 정치세력을 신봉하며 자신들을 선택받은 민족이라 주장합니다.

정치 공동체로서 교회

교회가 하나님의 구원을 보여 주는 실천적인 장이라는 하우어워스의 주장은 구원이 하나의 정치적 대안으로 작동할 수 있다는 뜻이기도 합니다. 이 말은 세상의 정치체가 어떠한 경우라도 진실한 대안 공동체가 될 수 없다는 의미죠. 세속이 제시하는 새로운 사회의 비전과 이상향이 아무리 달콤해 보이더라도, 그것은 결국 인위적일 뿐 아니라 실천과정에서 폭력을 수반할 수밖에 없습니다. 정치인들이 쏟아 내는 비전과 공약들이 유권자의 마음을 유혹할지라도 정당의 이해에 따른 목적과 수단으로 한정될 뿐입니다. 교회의 일차적인 과제는 국가를 향한 잘못된 믿음과 신화를 벗겨 내는 일입니다. 세속의 정치는 궁극적으로 우리의 삶을 구원해 줄 수 없기 때문입니다.

정치적 대안 공동체로 존재하는 교회가 없다면 세상은 구원이라는 개념조차, 또한 사회에 구원이 필요하다는 사실조차 알 수 없습니다.[31] 세상이 교회를 필요로 하는 이유는, 세상을 좀 더 부드럽게 굴러가도록 도와주거나 세상을 그리스도인들이 살기에 더 안전하고 좋은 장소로 만들기 위해서가 아닙니다. 오히려 교회 없이는 세상은 자신이 진짜 누구인지를 알 수 없기에 교회가 필요합니다. 그들의 욕망이 얼마나 탐욕스러운지, 그들의 자아됨이 얼마나 고립된 이상주의인지, 그들의 정치가 얼마나 폭력적인지, 교회 공동체라는 거울을 통과하지 않고는 스스로 깨달을 수 없습니다. 이 세상에서 구원의 정치적 행위가 지속되고 있음을 알 수 있는 방법은 교회가 구원받은 백성으로서 구주이신 예수 그리스도를 보이는 길뿐입니다.[32] 물론 세속사회에서 구원이 필요할까를 질문할 수도 있습니다. 또 구원이 있다면 무엇으로부터의 구원이어야 할까요? 초대교회에서 구원이 로마의 억압과 교회를 핍박하는 이들로부터의 영적·신체적 자유를 의미했다면, 오늘날은 무엇으로부터 자유와 해방을 경험해야 할까요? 하나님의 구원은 몇몇 신자를 선택해서 이루어지는 제한된 영역의 구원이 아닙니다. 그리스도의 구원하심은 전 우주적입니다. 교회를 세상과 분리하는 것은 이 땅에서 하나님의 성소를 차지하기 위한 교회의 거룩한 투쟁입니다. 분리는 거부의 의미가 아닙니다. 더 나은 사회를 세우기 위한 적극적인 참여의 행위입니다.

미로슬라브 볼프는《삼위일체와 교회》에서 교회와 하나님 나라의 관계성을 이중적으로 설명합니다. "하나님의 다스림 없이는 교회가 존재할 수 없으며, 반대로 교회 없이는 하나님의 다스림도 없다"라고 말이죠. 교회의 생명이 하나님 나라에 의존해 있는 것처럼 하나님의 다스림을 향한 희망의 생명력 역시 신앙 공동체들에 달려 있습니다. 신앙의 공동체들은 십자가에 달린 메시아를 생생히 기억하고, 또 오실 메시아에 대한 희망을 가지고 있기에 모든 창조 세계를 변화시키려는 하나님의 숨결과 하나님의 빛을 지닙니다.[33]

그리스도인에게는 교회가 가장 중요한 정치적·윤리적 단위가 됩니다. 기독교 윤리가 사회적이고 공동체적인 특징을 지니는 정치적인 출발점인 교회를 전제로 한다는 점에서 교회의 윤리는 곧 사회의 윤리가 됩니다. 교회의 가르침은 자기 비움과 내어줌의 헌신을 통해 극히 평범한 사람들도 비범하고, 때로는 영웅적이기까지 한 행동을 하게 합니다. 그것이 가능한 이유는 기독교적인 미덕을 지지해 주는 교회라는 공동체가 있기 때문입니다.[34] 교회가 하나의 대안정치체로 존재한다는 것은 통치의 구조와 방식에서 교회만의 독특함을 보존하고 있다는 증거입니다. 교회는 창조된 공동체이지만 그 자체로 종말에 모든 나라가 한 분 주님 앞에 하나됨을 이루는 정치체의 예시이기도 합니다. 참된 정치적 일치와 연대를 구성하는 것은 인간적인 계약이 아니라 구성원들 간의 절대적인 합의, 욕망의 일치 그리고 교회가 제공하는 존재의 회복 곧 구원을 통해서 가능합니다.

존 하워드 요더는 《교회, 그 몸의 정치》(대장간, 2011)에서 교회가 실천하는 정치적 행위를 다섯 가지로 제시합니다. 첫째는 매고 푸는 권세입니다. 마태복음 16장 19절에 나오는 "내가 천국 열쇠를 네게 주리니 네가 땅에서 무엇이든지 매면 하늘에서도 매일 것이요 네가 땅에서 무엇이든지 풀면 하늘에서도 풀리리라" 하는 대목에 등장하는 내용입니다. 매고 푸는 것은 무엇을 의미할까요? 요더는 루이스 벌코프의 해석을 토대로, 매는 것을 '율법의 잣대로 평가하고 정죄하는 것'으로 해석했고 푸는 것을 '은혜로 용서하는 행위'로 이해합니다. 즉 매고 푸는 것은, 정죄와 용서라는 정치적인 행위로 받아들여질 수 있습니다. 둘째는 함께 빵을 떼는 행위(성만찬)입니다. 이것은 평등한 공동체적 나눔의 행위로서 성만찬을 통하여 그리스도의 몸의 각 부분으로 일치된 공동체를 추구하는 것입니다. 계약적인 관계 맺음이 아니라 신앙고백을 통한 하나의 공동체를 형성하고 살아가는 정치적 행위로 이해합니다. 셋째는 세례(침례)입니다. 단지 자신의 믿음을 고백하는 개인적인 사건이 아니라, 공동체의 일원으로 들어오면서 과거의 신분, 사회적 경험, 인식을 포기하고 새로운 정치체의 일원으로서 서약하는 것입니다. 넷째는 은사의 다양성, 곧 그리스도의 충만함입니다. 공동체의 머리 되신 예수 그리스도를 통치자로 고백하며 자신에게 맡겨진 다양한 사명을 수행하면서 그분의 제자로 살아가는 것입니다. 마지막은 열린 회의로서 사도행전 15장에 나오는 예루살렘 공의회와 같이 정치적 사안들을 함께 의논하고 나누는 참여적 공동체의 실천입니다. 이러한 교회의 정치 행위는 세속의 것 못지않게 그 정신과 본질에서 급진적인 성격을 갖습니다.

정리하자면, 요더와 같이 하우어워스 또한 교회를 하나의 대안적 정치체로 이해합니다. 세속의 정치는 권력을 유지하고 더 큰 욕망을 성취하고자 무력을 동원하여 목적을 성취하려 하지만, 교회의 정치는 정반대입니다. 교회가 추구하는 정치적 목표는 바로 평화의 나라이며, 그것을 이루는 방식은 철저히 예수 그리스도의 십자가, 즉 비폭력과 평화의 실천입니다. 교회가 대안정치체로서 세속사회에 보여 주는 방식 또한 마찬가지입니다. 교회의 정치적 실천인 용서, 연대, 변화, 일치, 대화가 그 방식입니다. '얼마나 효율적으로 성취할 수 있을까? 얼마나 더 빨리 더 좋은 결과를 낼 수 있을까?'를 고민하는 것이 아니라, 얼마나 더 신실한 공동체로서 존재할 수 있을까를 염려합니다. 이것이 예수님의 정치체로서 교회의 모습입니다.

5장

평화의 나라

비폭력 평화주의를 향하여

그분의 나라

평화를 구하는 기도

모든 생명의 통치자시여, 우리에게 인내를 주셔서 당신의 창조하신 세계의 아름다움을 목도할 수 있을 만큼 오래 머무를 수 있게 하소서. 당신이 창조하신 세계와 평화로이 살도록 우리를 도우소서. 특히 교회 안팎에 있는 형제자매들과 평화를 이루게 하소서. 다른 피조물들과도 평화롭게 살게 하소서. 다른 무엇보다 우리 자신과 평화로이 살게 하소서. 아멘.[1]

하나님 나라는 어떤 곳일까요? 그 나라에서의 삶은 어떤 모습일까요? 하우어워스는 하나님 나라의 모형을 예수님의 삶과 인격을 통하여 제시합니다. 예수님은 하나님 나라의 가장 구체적인 모습을 이 땅에서 구현하셨습니다. 평화의 왕으로 이 땅에 오신 예수님은 그 나라로 우리 모두를 초청합니다. 자신을 따르는 제자들과 그리스도인들을 향하여 이 땅에서도 그 나라의 백성으로 살아갈 것을 제안합니다. 그 나라는 가시적인 공동체, 즉 교회를 통하여 구현되고 있으며, 세속사회의 모든 이들은 이 교회를 통하여 하나님 나라를 인식하고 상상하게 됩니다.

물론 이 땅의 교회는 완전하지 않습니다. 교회의 내부를 들여다보면, 수많은 갈등과 다툼, 미움과 상처가 가득합니다. 세상과 다르지 않은 교회 권력의 암투와 치졸한 싸움이 지루하게 진행 중인 교회를 보면 실망스럽기도 합니다. 오늘날 교회 정치가 보여 주는 구태와 반이성적 행위들은 사회로부터 철저히 외면당하고 있습니다. 우리가 교회를 하나님 나라의 모형이라 말할 때, 그 원형의 회복 가능성은 어디에서 찾을 수 있을까요? 정답은 바로 '예수 그리스도'입니다. 예수님이 하나님 나라의 실존 그 자체이기 때문입니다. 예수님의 삶, 죽음 그리고 부활은 모두 하나님 나라를 충실하게 선포합니다.[2] 특히 그리스도의 부활은 모든 이들이 용서받을 뿐 아니라, 이전과 전혀 다른 새로운 평화의 존재로 살아갈 수 있는 공동체적 가능성을 제시합니다.

이 땅의 교회가 하나님 나라를 완벽하게 구현할 수는 없습니다. 하지만 그 나라를 살아 낸 예수 그리스도를 향할 때, 그리고 그 이야기에 충실한 제자 공동체가 될 때 '그분의 나라'를 조금씩 닮아 가게 됩니다. 20세기 초 '사회복음social gospel'을 주장했던 월터 라우셴부시 역시, 그분의 나라가 예수님의 삶과 인격 안에서 가장 잘 드러난다고 말합니다. 예수님의 구원 사역은 회복과 치유를 위한 여정이었고, 타자를 향한 사랑으로 가득 찬 삶이었습니다. 하나님 나라는 철저히 하나님의 사랑으로 형성됩니다. 그분의 사랑이 이 땅의 힘의 통치와 사회질서를 바로 세우며 우리 모두의 삶을 자유롭게 합니다.[3] 그러나 하우어워스의 특별한 점은 하나님 나라를 평화의 관점으로 해석하고 있다는 점입니다.

하우어워스는 메노나이트 계간지 〈*Mennonite Quarterly Review*〉에 실린 존 하워드 요더의 에세이와 메노나이트 교단이 펴낸 소책자들을 통해 평화주의pacifism에 대한 새로운 통찰을 얻습니다. 특히 종말론과 평화의 관계를 고민하면서, 세속의 평화주의와 분명한 차이점은 바로 종말론적인 나라에 관한 인식이라는 결과를 얻게 됩니다. 비폭력nonviolence을 통해 하나님께서 구원의 방법으로 강제력을 쓰기를 거부하셨다는 것과 그리스도의 삶이 바로 비폭력 평화주의를 증명하고 있음을 깨닫게 됩니다.[4] 그는 〈*Christian Existence Today*〉에서 '**평화 만들기**peacemaking'를 교회 공동체의 한 덕목으로 해석했습니다. 우리는 평화 만들기를 갈등과 분쟁 지역에서 펼쳐지는 하나의 해결책으로 생각하지만, 하우어워스는 용서받은 사람들의 공동체가 실천하는 신앙적 삶의 신실한 행위로 해석합니다. 기독교의 자연스러운 공동체 내러티브를 따라 살아가는 것이 바로 평화주의적 삶으로 연결됩니다. 따라서 **평화는 개인적 실천으로 완성되지 않으며 언제나 공동체적으로 진행됩니다.**

평화는 우리가 십자가에 못 박히신 구세주를 중심으로 하는 공동체로 존재할 때만 주어지는 하나님의 선물입니다. 예수님은 자신의 뜻을 따르지 않는 이 세상에서 어떻게 평화롭게 살 수 있는지 가르치십니다. 하나님의 평화의 나라는 공통된 인간의 도덕성을 상정함으로써가 아니라, 예수님을 통하여 서로의 차이를 두려워하지 않는 평화로운 공동체로 신실하게 살아감으로써 이루어집니다.[5] 더 나아가 교회의 역할은 세상의 거짓된 평화를 수정하는 데 있습니다. 갈등과 분쟁이 없는 소극적인 평화가 아니라 요한 갈퉁이 제시했던 진리 안에서 모든 존재가 자유로워질 수 있는 '적극적인 평화'를 세워야 합니다.

하나님 나라를 평화로 이해하기 위해서 우리는 성경의 어떤 구절을 참고해야 할까요? 하우어워스가 즐겨 인용하는 산상수훈 외에도 로마서를 평화의 서신으로 볼 수 있습니다. 스캇 맥나이트는《거꾸로 읽는 로마서》(비아토르, 2022)에서 로마서를 평화의 관점으로 해석합니다. 바울이 로마 교회에 편지를 보낸 주된 이유가 교회 내의 두 집단, 강한 자(이방인 그리스도인들)와 약한 자(유대인 그리스도인들)의 갈등을 해결하기 위해서였다는 것이죠. 그 방법은 그리스도의 복음, 즉 복음을 평화적인 관점으로 실천하는 것입니다. 예수님이 선포하신 복음은 평화가 그 핵심에 위치합니다. 하나님과 인간의 화해, 인간과 인간의 연합을 향한 중심으로서 십자가는 서로를 향한 용서와 사랑으로 인도합니다. 그리스도인들은 폭력과 전쟁의 논리에 속박되어 살아가는 존재들이 아닙니다. 전쟁과 폭력은 예수 그리스도의 십자가를 통해 이미 폐기되었으며 그것이 승리할 수 없음을 선포했습니다.[6] 폭력은 또 다른 폭력을 유발합니다. 정의로운 전쟁조차도 누군가의 생명을 빼앗아야 하는 정의롭지 않은 방법입니다. 우리는 옳고 그름을 판단할 확실한 근거를 가지고 있지 않습니다. 십자가의 예수님이 보여 주신 용서하는 삶만이 평화를 가능하게 합니다. 용서는 누군가를 자신의 잣대로 판단하지 않게 합니다. 또한 자신의 삶을 자기 것으로 주장하는 것을 죄로 여기면서, 스스로를 공동체의 일부로서 인식하여 공공선을 위한 신념을 따르게 합니다.[7]

교회의 비폭력에 대한 가르침은 우리 존재의 근거이신 하나님의 이야기에서 출발합니다. 교회를 형성하는 이야기는 권력과 힘이 승리하는 결말을 갖지 않습니다. 오히려 상호 간의 신뢰를 통해 이루어지는 삶의 증언으로 가득 차 있습니다. 교회의 정치가 진리로 충만한 이유는 기독교의 정치는 사람들을 폭력적으로 만드는 거짓 신들을 기초로 삼지 않기 때문입니다. 교회의 정치 역시 권위가 작동하지만, 세상이 생각하는 정치적인 권위와는 다른 자신의 삶을 참된 것 위에 세우려고 노력하는 평범한 사람들의 자발적 순종을 통한 권위입니다. 이것은 정치적인 입장을 자유주의와 보수주의로 구분하지 않으면서 기꺼이 자신의 희생을 감수하려는 진실한 태도에 기초합니다.[8] 악한 자를 대적하지 말라는 것은, 폭력이 본질적으로 악해서가 아니라 하나님의 통치 방식에 관한 공동체적 이해에서 비롯됩니다. 하나님께서 생명의 주가 되심을 믿는다면, 어떻게 자신들과 그들의 역사가 폭력을 사용함으로써 안전보장을 받을 수 있다고 생각할 수 있을까요? 폭력은 하나님과 어울리는 단어가 절대로 아닙니다. 구약의 하나님이 심판주로 묘사되면서 폭력을 정당화하는 듯 보이지만, 그것은 하나님의 신실하심을 위한 사랑의 표현이자 심판 대상까지도 구원하시고자 하는 인내하는 사랑으로서의 행위입니다. 하나님 나라는 결코 폭력과 권세로 이룩될 수 없습니다. 그 나라는 평화를 향한 예수님의 이야기를 따르는 제자들을 통해서 구현되며, 종말의 때에 완성될 하나님 나라는 모든 민족, 언어, 방언, 세대가 함께하는 진리의 일치와 화합을 추구하면서 도래합니다. 그곳은 절대로 힘의 논리로 작동되지 않습니다.

전쟁이 정의로울 수 있을까?

하우어워스는 《전쟁과 미국의 차이점 War and the American Difference》에서 전쟁을 대하는 미국의 독특한 지점을 두 가지로 설명합니다. 그는 전쟁을 죄악의 결과로 여겼습니다. 인류 최초의 살인이라 할 수 있는 가인과 아벨 사건에서 볼 수 있듯이, 하나님과의 관계에 실패한 이가 품을 수 있는 자기 보호 행위로서 시작된 것이 바로 살인입니다. 누군가를 죽이는 행위는 무슨 이유에서든지 정당화될 수 없지만, 그것이 집단적으로 표출될 때는, 다시 말해 하나의 국가 정체성을 형성하는 기초가 된다면 상황은 달라집니다. 정의로운 행동으로 바뀌게 되죠. 미국 사회에서 전쟁은 거룩한 무엇을 위한 '희생제의 sacrifice ritual'와 같습니다. 미국이 남북으로 갈라져 오랫동안 시민전쟁을 치를 때 그들을 하나로 묶어 준 것은 다름 아닌 1차 세계대전이었습니다. 독일을 비롯한 전체주의 국가라는 공동의 적과 악을 향한 내부의 단결로 미국은 자신들이 하나님 나라라는 정체성을 형성시켰습니다.[9] 더 나아가 미국 사회에서 전쟁은 마치 죄인이 세례를 받음으로 하나님의 자녀가 되는 것처럼, 자신들을 위해 피 흘리는 수많은 전사자를 통해 미국이란 나라가 거룩해질 수 있다고 생각합니다. 국가를 거룩하게 하는 이 '피의 세례'는 새로운 신성한 국가의 탄생을 알리는 동시에, 미군의 죽음을 악에 대항하다 순교한 십자가의 예수님과

일치시킴으로써 그 정당성을 부여합니다.[10] 물론 미군의 참전은 세계의 평화를 위해서입니다. 공산주의와 테러주의자들을 힘으로 억제하고 인류의 번영과 평화를 위한 목적을 지향합니다. 미국은 거대한 악의 체제에서 온 인류를 구원하기 위한 사명감을 지닙니다. 하지만 누가 하나님의 편에 서 있는지, 누가 예수님의 대리자로 행동하는지는 아무도 알 수 없습니다. 오히려 이스라엘을 억압했던 앗수르를 향해 하나님께서 "진노의 막대기"(사 10:5)라고 말씀하신 것을 생각해 보면 이해가 쉬울 수 있습니다.

기독교 전통에서 전쟁과 평화는 크게 세 가지 흐름에서 다루어져 왔습니다. 하우어워스도 존 하워드 요더가 《비폭력 평화주의의 역사》(대장간, 2015)에서 언급한 노선을 대체로 수용하는데, '거룩한 전쟁', '정의로운 전쟁' 그리고 '평화주의'입니다. 간략하게 소개하자면, 거룩한 전쟁은 구약의 이스라엘이 가나안을 정복할 때 주변 민족을 진멸했던 것처럼 신의 이름으로 치러지는 전쟁입니다. 정의로운 전쟁은 세상의 악에 대항하기 위해서 최소한의 폭력을 사용하는 전쟁입니다. 마지막으로 평화주의는 어떠한 경우라도 폭력을 사용하지 않으면서 예수님의 십자가를 따르는 순교자적 자세를 견지합니다.

기독교의 대다수 교파가 지지하는 정의로운 전쟁 이론은 공식적으로 로마 제국 당시에 등장합니다. 4세기에 암브로시우스와 아우구스티누스에 의해 처음 제기되었는데, 성경의 가르침을 지키면서도 폭력 사용을 최대한 자제하기 위한 최소한의 원리를 제안한 것입니다. 정의로운 전쟁에서 폭력 사용은 여덟까지 기준을 충족시켜야 합니다. 첫째, 정당한 이유가 있어야 하며, 둘째, 한 국가의 의회나 국제기구의 성명과 같은 정당한 권위가 뒷받침되어야 합니다. 셋째, 폭력 사용에 앞서 분쟁 해결을 위한 다양한 시도를 전개한 후 최후의 수단으로 활용하고, 넷째, 폭력 자체가 목적이 아닌 평화를 유지하기 위한 의도를 담아야 합니다. 다섯째, 전쟁의 실행은 반드시 성공적인 결과를 완성해야 하며, 여섯째, 전쟁을 통해 얻을 수 있는 전체적인 이익이 초래되는 피해보다 많아야 합니다. 일곱째, 전쟁에 앞서 공개적인 선전포고를 한 후, 마지막은 전쟁의 실행도 정당한 수단으로 이루어져야 합니다.[11] 대다수의 전쟁은 그럴 만한 이유로부터 시작됩니다. 무엇보다도 전쟁은 항상 평화의 이름으로 시작됩니다. 누군가의 평화를 지키기 위해서 누군가의 평화를 위협해야 하는 아이러니한 상황이 연출되지만, 우리는 개인적인 차원에서도 친구나 가족을 지키기 위해서, 이웃 국가나 동족을 살리기 위해서 폭력 사용을 용인합니다. 전쟁이 더욱 잔혹해지는 이유는 자신과 자기 공동체를 보호해야겠다고 판단될 때 살인에 대한 수치적 감정이 무뎌질 뿐 아니라 죄의식조차 사라지기 때문입니다.

정당한 전쟁 이론의 맹점은 누가 의로운 집단이고 선을 지향하는지에 대한 객관적인 기준을 설정하기 어렵다는 점입니다. 우리 편은 항상 선한 공동체이고, 상대편은 악한 공동체라고 규정한다면 전쟁의 이유는 이 땅에서 사라지지 않을 것입니다. 또한 전쟁의 실행에서 '폭력의 세기'도 문제입니다. 전쟁을 일으켜야 하는 명분이 생겼다고 하더라도, 어느 정도 기간에, 얼마나 많은 군대를 동원해서, 어느 정도의 타격을 가해야 하는지를 결정하는 것은 단순히 계산으로 이루어지지 않습니다. 전쟁 후에 복구와 처리에도 관심을 두어야 하는데, 사망자 처리와 난민 돌봄을 비롯하여 지역의 재건과 정치사회적 안정을 어떻게 처리할 것인가도 고려해야 합니다. 하우어워스는 전쟁에 반대하는 기도를 다음과 같이 드립니다.

…또한 우리에게도 자비를 베푸소서. 우리의 실패를 당신의 평화가 오는 길로 삼아 주소서. 이 전쟁에 종지부를 찍어 주소서. 전쟁이 유일한 대안이라는 생각, 우리가 손쉽게 사로잡히는 이 망상, 그리고 이 망상의 어두운 힘에서 우리를 구하소서. 우리는 스스로 평화로 가는 길에 이를 수 없음을 압니다. 평화를 이룬다면서 또다시 전쟁을 일으키기 때문입니다. 당신의 사랑으로 우리를 몰아치셔서 우리를 당신의 평화의 도구로 삼으소서. 그렇게 죽음으로 가득한 이 세상에 생명을 가져다주소서. 아멘.[12]

전쟁은 하나의 도덕적인 행위입니다.[13] 전쟁은 사회적 갈등과 정치적인 이유에서 출발하는 듯 보이지만, 그것은 이미 인간의 마음과 집단의 문화에 길들여진 나쁜 윤리적 행위입니다. 세속의 자유주의는 개인의 이익을 추구하는 것을 선한 성품으로 간주합니다. 경쟁을 통해 더 많은 성과를 내는 것을 정당화합니다. 타인을 억압하고 폭력을 행사하는 것조차 결과적인 선과 체제의 안정을 위해서라면 불사하게 합니다.

세속사회가 폭력을 포기하기 두려워하는 이유가 무엇일까요? 그것은 세속을 구성하는 이야기가 본질적으로 폭력에 기초하며, 힘으로 유지되어 온 진리 체계를 잃어버릴까 두려워하기 때문입니다. 미로슬라브 볼프는 "우리가 폭력을 포기하지 않는다면 우리의 큰 진리이신 왕이 아닌 세상의 작은 진리들을 지키기 위한 수많은 전쟁에 참여해야 한다"라고 비판합니다. 진리는 폭력이 동원되어야 완성되는 무엇이 아닙니다. 세속은 진리를 주장하기 위해 스스로 세운 권위와 그 권위를 유지하기 위한 폭력이 필요합니다.[14] 그러나 예수님은 폭력으로 얼룩진 세상의 한복판에서 십자가를 지심으로써 폭력의 악순환을 끊으셨습니다. 전쟁은 무수히 많은 보복과 원수됨을 만들어 내지만, 십자가의 원리는 일흔 번씩 일곱 번을 용서하라는 이웃사랑의 결정판이라 할 수 있습니다. 힘의 논리가 지배하는 세상에서 폭력의 연결고리는 바로 비폭력을 선택함으로써 끊을 수 있습니다. 비폭력과 용서의 실천은 폭력을 극복하려는 데 목표를 두지 않고 폭력을 다른 방식으로 대체하거나 이전하려는 것입니다.

전쟁이 아닌 평화를 향한 성경과 교회 전통의 가르침은 평화주의 제자 공동체를 탄생시킵니다. 평화를 지향하는 그리스도인의 삶은 힘으로 정당화되어 왔던 사회제도와 문화를 바꾸고, 스스로 평화를 완성할 수 있다는 세속의 착각에서 벗어나게 합니다. 평화는 인간의 이성적 판단과 합리적인 노력에 관한 거짓된 신화 위에 세워질 수 없습니다. 온전한 평화와 평화로운 사회는 평화의 왕이신 하나님의 주되심을 인정할 때 비로소 구현될 수 있습니다. 더 나아가 교회는 세상을 평화의 나라로 변화시키는 것을 목표로 하는 것이 아니라, 세상에 평화의 공동체를 보여 줌으로써 하나님 나라를 완성해 갑니다. 평화의 공동체인 교회는 예수님의 삶을 닮아 감으로써 그분이 이 땅에서 구현하신 평화적 삶을 따르게 됩니다. 평화는 예수 그리스도의 삶과 십자가를 통해 보여 주신 이야기에 근거합니다. 그렇기에 평화의 왕국은 그리스도인들의 예수 따름을 통해 증언될 수 있습니다.

비폭력 평화주의는 가능한가?

하우어워스는 대부모로서 로리에게 보낸 편지에서 비폭력에 대한 그리스도인의 태도를 이렇게 설명합니다.

나는 이 문제를 이렇게 표현한단다. 그리스도인들이 전쟁이 가득한 세상에서 비폭력적으로 살도록 부름을 받은 이유는 비폭력이 전쟁을 없애 줄 전략이라고 믿어서가 아니라고. 다만, 전쟁이 가득한 세상에서 그리스도를 신실하게 따르는 우리는 비폭력 말고 다른 존재 방식을 상상할 수가 없다는 것이지. 물론 기독교적 비폭력 때문에 어쩌면 더 폭력적인 세상이 될 수도 있어. 세상은 때때로 허울뿐인 질서를 가리켜 '평화'라고 부르면서 그 실체가 폭로되기를 원하지 않거든. 다시 말해, 세상은 질서 유지의 방법으로 종종 폭력을 정당화한단다.[15]

하우어워스가 국가에 의해 정당화되는 전쟁을 반대하는 이유는, 전쟁은 예수님의 삶이 아니었기 때문입니다. 그는 그리스도인들은 예수님의 삶을 본받아 비폭력 평화주의 nonviolent pacifism를 실천해야 한다고 주장합니다. 세상의 폭력은 동생 아벨을 죽인 가인의 사건과 신의 위치까지 도달하려 했던 바벨탑 사건을 기원으로 합니다. 바벨탑은 더욱 높아지려는 인간의 욕망을 추구하면서 타자의 존재를 비인간화하는 것을 허락합니다. 자신들만의 왕국을 위해 동일한 이념과 목표를 가진 사회를 구축하고자 높은 탑을 쌓아 올렸습니다. 하지만 외부의 간섭과 침입으로부터 스스로 보호하고 자신들의 번영을 추구하려는 인간의 노력은 결국 하나님의 심판을 맞이합니다. 타락한 인간이 맞이한 언어의 혼란은 타자를 향한 두려움으로 이어집니다. 세상의 갈등과 전쟁은 바로 타자를 향한 불신에서 출발하며, 자신의 공동체가 위협을 받을 수 있다는 두려움으로부터 기인합니다. 자신과 동일한 이야기를 갖지 않은 다른 공동체에 자신의 이야기를 강요할 뿐 아니라 그것을 정당화하는 과정에서 폭력이 발생합니다.[16] 바벨탑 이전의 사람들은 동일한 언어를 사용하면서 서로 평화로운 공동체를 유지했지만, 언어 분리와 함께 세상은 갈기갈기 찢어지고 다툼이 발생하기 시작합니다. 타자를 신뢰하지 못하는 두려움은 타자를 자신의 이야기 안으로 동화시키지 못하기에 그들을 배제하거나 제거해야 하는 원인이 되었습니다.[17]

하우어워스가 지향하는 비폭력 평화주의는 무저항non-violent을 전제로 하지만, 반대로 비폭력을 추구하면서도 저항을 외치는 목소리도 존재합니다. 흑인의 해방을 이끌었던 마틴 루터 킹 목사가 대표적이죠. 그는 "비폭력 저항은 사람들을 향한 저항이 아니며 악의 세력을 향한 저항이다"라고 말합니다. 악한 행동을 저지르는 이들은 악에 의한 희생자들입니다. 흑인의 해방은 몽고메리의 백인들을 무찌르는 것을 통해 이루어지지 않습니다. 오히려 비폭력 저항은 부정의한 현실을 고발하는 데 목적이 있었습니다.[18] 악을 극복하기 위해 같은 방식으로 악에 대항하는 것은 이미 악에게 진 것과 다름없습니다. 믿음은 악을 행하는 사람들을 공격하지 않고, 사람들을 폭력적으로 행동하도록 만드는 '악의 구조'에 저항합니다. 악이 사회와 사람들에게 어떻게 작동하지를 간파하면서 악의 정체를 폭로합니다. 따라서 악이 자체적으로 악함을 드러내는 폭력적 방식과 우리가 악에 대항하는 저항 사이에는 불일치가 있어야 합니다. 폭력을 거부하면서 폭력을 극복하는 지혜가 필요합니다.

마틴 루터 킹 목사가 주도했던 비폭력 평화주의는 그 출발점이 예배였습니다. 설교를 통하여 흑인의 인권을 강조했으며 생명의 동등성을 설파했습니다. 자유를 위한 평화의 시위는 종교적인 행진이었습니다. 비폭력은 정치적인 전략이기 이전에 하나의 윤리적인 헌신입니다.[19] 물론 비폭력 평화주의를 낭만적인 이론으로 여기는 분위기도 있습니다. 사회를 변화시킬 수 없는 한계가 있을 뿐 아니라 이루어질 수 없는 망상쯤으로 여기기도 합니다. 또한 비폭력으로 실천된다고 하더라도 효용성 면에서 큰 영향력을 미치지 못한다는 비판을 받습니다. 하지만 이 전통은 사람들을 폭력적으로 행동하도록 만드는 악의 본성을 인식하고 그것에 저항하면서 악을 억제하는 것을 목적으로 합니다. 이것은 인간적인 방식으로 해결되지 않습니다. 조금 더 궁극적인 선함의 방식이 필요합니다. 십자가의 예수님처럼, 예수님 옆 한 강도가 '이분은 아무것도 잘못한 일이 없다'고 고백한 것처럼, 악에 맞서는 선함이 필요합니다.

물론 비폭력 평화주의가 성공할 수도 있고 실패할 수도 있습니다. 과연 성공과 실패의 기준이 무엇일까요? 대규모의 물리력을 동원하여 사회의 변화를 일으키고 구조 자체를 바꾸는 것일까요? 그렇지 않습니다. 이 전통은 '악함'을 공개적으로 드러내고 모두의 양심에 호소하면서, 그것이 사회와 시민들의 마음속에 어떻게 자리하고 있는지를 직시하게 하는 데 관심이 있습니다. 설령 사회 변화를 일으키지 못할지라도, 군대를 비롯한 강제력에 의해 짓밟힐지라도, 그들이 간과한 악함을 깨닫게 했다면 그 자체로 승리한 것입니다.

하나님의 사람들은 평화를 위해서 창조되었습니다. 하나님의 피조물로서 인간은 자신만의 생존 법칙을 따르는 폭력적 성향으로 살아가지 않습니다. 그리스도인들은 폭력을 유일한 대안으로 생각하는 세상에서 사람들이 평화의 습관을 찾을 수 있도록 도와야 합니다. 하나의 덕으로서 '평화-세우기peace-building'는 세속의 방식을 거부하고 차이점을 만들어 내는 교회의 오랜 습관들이 생성한 거룩한 실천입니다. 평화를 만드는 교회 공동체를 보지 않고서는 세상 스스로 폭력의 다른 대안을 생각할 수 없을 것입니다.[20] 갈등과 다툼을 다루는 다양한 형식이 있음을 알 때 사람들은 고민하기 시작합니다. 간단하게 활용할 수 있는 무력의 방식 대신, 조금은 불편하고 오랜 시간이 걸리더라도 관계의 안정과 회복을 꾀할 수 있는 평화주의를 진지하게 눈여겨볼 필요가 있습니다. 예수님의 제자로 산다는 것은 평화를 향한 삶의 여정을 시작한다는 의미입니다. 십자가의 방식은 칼과 총을 내려놓고 자신을 모함하고 때리는 이들을 향해 두 팔을 벌려 용서와 화해의 인사를 건네는 것입니다.

용서와 화해

미로슬라브 볼프는 《배제와 포용》에서 "용서는 배제와 포용 사이에 있다"라고 언급합니다. 타자를 수용할지, 거리 두기를 할지는 그를 향한 용서가 분기점이 됩니다. 우리를 향한 하나님의 용서 가운데 십자가가 서 있는 것처럼 말이지요. 십자가는 하나님의 용서를 가장 잘 보여 주는 상징입니다. 십자가는 타자가 적으로 남아 있도록 내버려 두지 않고 자신 안에 가해자가 들어올 수 있는 공간을 마련하시는 예수 그리스도의 화해와 포용의 실천입니다.[21] 볼프는 십자가를 모티프로 용서의 네 가지 단계를 설명합니다. 바로 '팔 벌리기, 기다리기, 팔 모으기, 다시 팔 벌리기'입니다. 이것은 누군가를 감싸 안는 포옹의 행위입니다. 타자가 나에게 들어올 수 있도록 공간을 만드는 '팔 벌리기' 행위는 내가 타자의 일부가 되고, 타자 역시 나의 일부가 된다는 확신에서 비롯합니다. '기다리기'는 나의 용서 행위가 강압적이지 않고 자발적인 수용을 목표로 한다는 뜻입니다. 그리고 '팔 모으기'는 서로에게 안기는 부드러운 접촉으로 하나가 되는 순간입니다. 마지막인 '다시 팔 벌리기'는 우리가 되어 함께 또 다른 누군가를 향해 나아가는 것입니다.

> 이러한 용서와 화해는 한순간에 완성되지 않는다. 화해는 사실 여정으로의 초대이다. 그것은 어떤 해법이나 최종 결과물이 아니며, 지속적인 과정이고 탐색이다.[22]

용서는 다른 사람의 과오를 자신이 끌어안음으로써 서로 안의 인격성을 회복시키는 가장 인간적인 동시에 신적인 사랑 행위입니다. 사람들이 모욕을 당하고 해를 입을 때 통상적으로는 뒤로 물러서거나 자신을 보호할 둘레막을 세웁니다. 그러나 기꺼이 용서하려는 이들은 자신의 본성을 어기고 십자가의 예수님을 본받음으로써 하나님의 본성에 참여하게 됩니다.[23] 그것은 스스로 약함을 보이시는 하나님의 행위입니다.

세속사회에서 국가 간, 인종 간, 지역 간 화해를 추구하면서 우리는 이런 질문을 함께 제시할 것입니다. "서로의 차이와 갈등을 근본적으로 극복할 수 있을까? 오랜 시간 동안 갈라선 상대를 향한 온전한 이해와 용서가 가능할까?" 우리는 화해를 실천하기 위해 공통의 기반을 찾으려 하지만, 인간의 경험을 초월한다는 것을 잘 고려하지 않습니다. 그래서 화해는 인기가 있지만 가능성이 희박한 모호한 개념이 되고 말지요. 신적 초월의 접근은 우리의 화해가 우리 자신의 비전을 넘어서는 행위와 전략과 프로그램임을 일깨워 줍니다.[24]

신적 화해의 비전은 그리스도인들이 고백하는 하나님의 특별한 삶, 십자가에 달린 예수님과 그의 죽음과 부활 없이는 상상할 수 없습니다. 궁극적으로 화해는 우리와 관련된 문제이기 이전에 하나님과 관련된 문제입니다. 화해는 하나님이 이 세상에서 행하시는 사역으로 하나님이 새롭게 창조하시는 현실과 연결되어 있습니다. 하나님의 화해 안에서 우리는 신비로운 다른 선물들을 만들어 냅니다.

조셉 코트바는 그의 책《덕 윤리의 신학적 기초》(북코리아, 2012)에서 덕 윤리학자들이 신학적 또는 신념의 차원을 주목하지 않는다고 비판합니다. 특별히 그리스도인의 성품을 언급할 때 죄, 은혜, 제자도, 예수님을 덕스러움과 연결하지 않고 있다고 비판했습니다. 용서와 화해는 성경에서 중요하게 다루는 덕목들이지만, 기독교 윤리 내에서는 간과되어 왔습니다.[25]

인간의 역사는 정말로 폭력으로부터 구원받을 수 없을까요? 미로슬라브 볼프는 "세상의 종말은 폭력이 아니라 끝없는 비폭력적 포용이다"라고 주장합니다.[26] 하나님께서 세상을 창조하실 때는 어떠한 폭력적 힘이 개입되지 않았습니다. 혼돈으로 가득 찬 세상에 질서를 부여하고, 자신의 자리를 찾게 하신 하나님의 창조는 본래적 평화를 지향합니다. 이 평화로움은 서로의 자리를 찾아가며 있어야 할 곳에 바르게 위치함으로써 자신의 역할을 담당하게 합니다. 서로의 관계가 어그러졌을 때 그것을 새롭게 할 수 있는 것은 서로를 향한 신적 사랑, 즉 화해와 용서의 실천입니다. 이를 위해 우리가 먼저 용서받은 사람이라는 자각을 할 필요가 있습니다. 우리의 일차적 과제는 용서가 아니라 진정으로 용서받는 법을 배우는 것입니다.[27] 에마뉘엘 카통골레와 크리스 라이스는 《화해의 제자도》에서 이렇게 말합니다.

> 기독교적 화해의 비전은 그리스도인들이 고백하는 하나님의 특별한 삶, 즉 십자가에 달린 예수님을 죽음에서 다시 살리신 이스라엘의 살아 계신 하나님 없이는 생각할 수도, 지속될 수도 없다. 예수님의 삶과 가르침은 깨어진 세상에서 우리의 삶을 새롭게 변화시킨다.[28]

진정한 화해는 인간의 영역이 아니라 바로 하나님의 통치 영역입니다. 화해는 하나님께서 세상을 자기 안에서 품으시고 용서하시며 또 새롭게 창조하시는 그분만의 사역입니다. 우리가 이 땅에서 화해자로 사는 것은 우리와 화해하시는 하나님과 함께 살아감을 의미합니다. 하니님과의 화해는 자연스럽게 이웃과의 화해로 연결됩니다. 그것은 모든 존재를 포용하려는 적극적인 사랑의 태도입니다. 존재들 사이에 놓여 있는 두려움과 낯섦을 제거하고 하나님의 얼굴을 바라보는 아름다운 표정으로 서로를 향해 인사하는 것과 같습니다. 마치 오래전부터 친밀한 관계를 유지해 온 것처럼 말입니다.

하나님 나라의 특징인 이 화해하는 사랑은 서로 두려워하지 않는 법을 배운 용서받은 백성만이 할 수 있습니다. 타자를 타자로 받아들이는 것은 무서운 일입니다. 타자는 타자인 만큼 우리의 존재 방식에 도전합니다. 특정한 행위를 하지 않아도 존재 자체로 충분한 위협이 됩니다. 하지만 우리의 자아와 성품이 하나님의 사랑으로 형성되었고, 사랑의 관계 안에서만 온전한 존재됨을 이해한다면 우리는 다른 사람을 두려워할 이유가 없습니다.

평화와 환대

'평화 만들기'는 교회의 본질적인 사역입니다. 교회 공동체는 바로 이 땅에 참된 평화와 평화적 삶을 증언하는 데 존재 이유가 있습니다. 그리스도 안에서 타자들과 연대하고 일치하려는 교회는 그리스도 안에서 '하나-되기'를 시도합니다. 교회의 하나됨의 추구는 낙관적인 세계를 향한 연대나 기대감이 아닌, 다른 사람의 차이를 존중하고 수용하려는 자기희생적 삶을 전제로 합니다. 우리는 평화를 해치거나 왜곡시키는 세속의 힘으로 유지되는 거짓된 평화를 고발하고 그리스도의 덕스러움으로 평화 만들기를 실천해야 합니다.[29] 교회의 우선적인 과제는 세상을 하나님 나라로 변화시키는 것이 절대로 아닙니다. 교회는 하나님 나라에 신실하기 위해, 스스로 평화의 공동체가 되는 일의 진정한 의미를 세상에 보여 줄 필요가 있습니다.[30]

평화의 실천은 교회가 예수 그리스도를 닮아 가는 방식이며, 하나님의 통치를 인정하면서 그 나라를 살아가는 것입니다. 또한 평화를 향한 교회의 헌신은 성경과 전통을 통해 형성된 제자 공동체를 통해 세속과는 차별된 정치적 행위를 일으킵니다. 특히 비폭력 평화주의는 일체의 폭력적인 방식을 거부하면서 세속사회가 추구하려는 평화와 그 정당성에 문제를 제기하죠. 세상이 추구하려는 힘의 평화의 거짓됨을 폭로할 뿐 아니라 그것으로 신적 통치를 대체하려는 정치적 행위들을 거부합니다.[31]

물론 하우어워스도 그리스도인의 비폭력 평화주의의 행동이 결과적으로 효율적이지 않다는 사실을 잘 알고 있습니다. 오히려 평화주의의 실천이 저항의 거부로 인해, 의도하든 그렇지 않든 간에 암묵적으로 세속의 폭력성을 방치하거나 그들 나름의 정당성이 지속되도록 할 수 있습니다. 하지만 하우어워스는 우리가 얼마나 완벽한 결과를 만들어 낼 수 있을까를 고민하지 않습니다. 대신에 우리의 실천이 세속의 악에 승리하신 예수님의 삶에 얼마나 가까이 또 신실하게 다가갈 수 있는지를 고민합니다.[32] 이 평화는 예수님의 생애를 통해 확신을 얻어 자신들의 삶을 하나님을 향한 끊임없는 경배로 만들고자 하는 이들의 움직임입니다. 이런 평화는 사람들 사이에서만 적용되는 것이 아닙니다. 진정한 종말론적 평화는 태초의 평화를 다시 회복하는 것이기에, 그 평화 안에 있는 인간과 동물은 생존을 위해 서로를 파괴하지 않습니다.[33] 타자를 인정하고 그들의 생명을 보호하는 일에 대한 그리스도인의 헌신은 곧 종말론적 태도입니다. 우리가 생명을 보호하고 그 가치를 높이는 데 관심을 두는 이유는 타자를 하나님의 피조물로 보는 일이 가능한 새로운 시대를 살고 있기 때문입니다.[34]

평화는 어떤 완성된 상태가 아닙니다. 지속적인 관심과 돌봄이 필요합니다. 평화는 과정 안에 있습니다. 평화는 어떤 사건과 정치적 행위를 통해서 완성되지 않기에 그것을 살아 내는 데는 상당한 시간을 필요로 합니다.[35] 하우어워스는 라르슈 공동체를 바라보면서, 장애가 있는 이들과 식사하려면 2시간 넘게 소요되지만, 그 과정을 통해 시간 안에 스며든 평화를 경험하게 된다고 고백합니다. 평화는 막연한 희망으로 기다리는 것이 아니라 살아 내는 것입니다. 우리는 예수님을 통하여 평화로운 삶, 아니 평화의 삶을 만날 수 있습니다.

예수님께서 보여 준 평화의 나라는 환대 실천으로 구현

된 사랑의 나라입니다. 우리는 낯선 사람과 식사를 같이 할 준비가 되어 있는 공동체입니다. 그뿐만 아니라 우리는 환대하는 자아를 갖춘 백성으로서 우리가 알지 못하는 것에 우리 자신을 확장할 준비가 되어 있습니다.[36] 바로 그것을 교회 공동체가 함께 행하는 성만찬에서 확인할 수 있습니다. 성만찬의 환대는 언제나 그리스도와 그의 교회와 연합하는 데서 용서와 삶을 발견하도록 하시는 하나님의 은혜로운 초대입니다. 예수님의 살과 피를 먹고 마심으로써 자신을 내어 주는 참된 사랑을 온몸으로 경험합니다. 또한 우리가 그리스도의 성만찬을 행함으로 타인에게 신적인 환대가 무엇인지를 조금이나마 보일 수 있습니다.[37]

평화는 사랑의 힘으로 세상을 통치하시는 하나님을 향한 예배를 통해서 이 땅에 임하게 됩니다. 그분의 통치는 강력한 힘에 기대지 않습니다. 하나님은 바로 약함으로 일하십니다. 하나님의 약함은 곧 그분의 강함입니다. 십자가를 지신 예수님의 모든 삶은 비폭력 평화주의를 지향했습니다.[38] 자신을 때리며 조롱하는 로마 군인들과 종교 지도자들을, 십자가에서 내려와서 같은 방식으로 대우하지 않으셨습니다. 그분은 주인 손에 이끌려 온 어린 양처럼 고통을 순수히 받아들임으로써 평화를 실천하십니다. 평화의 승리는 결코 무력으로 완성되지 않습니다. 비폭력 평화주의의 목표는 이 땅의 악의 정체를 모두에게 폭로하며, 그것을 거부하는 사람들의 양심에 선한 행위를 촉구하는 것입니다. 그리스도인의 삶의 특징인 기쁨의 삶은 어떤 욕망의 성취에서 찾을 수 없습니다. 진정한 기쁨은 우리가 평화를 원할 뿐 아니라 평화로운 백성이 될 수 있다는 발견에서 나옵니다. 기쁨은 우리에게 하나님의 선물로 다가오는데, 이 선물은 우리 자신에 대한 확신으로 하나님의 평화를 지금 실제로 살아 내게 합니다.[39]

물론 하우어워스의 평화가 이상적으로 보일 수 있습니다. 위르겐 몰트만이 언급한 것처럼 정의가 없는 평화가 얼마나 지속될 수 있을까요? 불의한 인간들의 구원을 위해서 사회 안의 더 나은 정의를 위해 투신해야 할 책임이 그리스도인들에게 있습니다. 몰트만은 "정의가 평화를 창조한다"라고 주장합니다. 정의로운 하나님은 권리를 상실한 이들에게 권리를 찾아주고 폭력으로 억눌린 이들을 보호하십니다. 하나님의 정의를 통해 하나님의 평화, 곧 샬롬을 창조하십니다.[40] 하나님의 평화는 누군가를 짓밟으면서 만들어지지 않습니다. 하나님의 형상으로 창조되었고 그리스도의 구원하심으로 하나가 된 이방인들을 배척하지 않고, 그들을 공동체 안으로 끌어안음으로써 하나님의 평화를 완성합니다. 그러한 평화는 종말에 완성될 하나님 나라를 모형으로 합니다.

하우어워스는 교회 공동체 형성과 그리스도인의 윤리적 삶에서 종말론의 중요성을 계속해서 강조합니다. 하지만 종말론이 어떻게 기독교의 독특성을 만들어 내고, 공적인 사회와 연결되는지 구체적으로 언급하지는 않습니다. 이 부분이 하우어워스의 약점으로 지적될 수 있습니다. 그의 사상은 성령님을 통한 하나님 나라의 완성과 성취를 강조하지 않으며 비기독교인들을 향한 하나님의 섭리를 부정하는 약점을 다소 노출하기도 합니다.[41] 하지만 성령님을 통하여 그리스도인들이 신적 성품을 형성할 뿐 아니라, 세상에서 구별되는 존재로 살아가는 동력을 얻을 수 있을 것입니다. 올리버 오도노반은 예수님을 믿음으로 경험하는 회심의 사건을 그리스도인의 도덕 형성의 중요한 기준으로 여겼으며, 그 과정에서의 성령님의 역사를 고백합니다. 기독교 윤리가 세속 윤리와 다른 점은, 그 출발의 중심에 이성적인 각성이 아니라 성령님의 조명을 통한 회심의 사건이 있다는 점입니다. 거듭난 존재로서 그리스도인은 예수님의 성품을 닮아 가는 삶을 살아가며, 그것은 곧 평화를 지향하는 성품과 태도로 연결됩니다.

6장

제자도

본받음과 뒤따름

열 살 무렵, 나는 조적공의 조사(助事)가 되는 데 필요한 기술을 모두 익혔다. 비계를 짜는 법, 철근을 연결하는 법, 판자 위에서 회반죽 섞는 법, 심지어 회반죽 농도 맞추는 법까지 익혔다.[1]

하우어워스는 유년 시절, 아버지를 따라다니며 벽돌 쌓는 일을 도왔습니다. 그는 벽돌을 쌓아 올리는 조적공의 삶을 경험하며 반복된 훈련과 학습이 한 개인의 성품과 태도에 어떤 영향을 미치는지 깨닫게 됩니다. 한 장씩 차곡차곡 쌓아 올리는 벽돌쌓기는 그의 학문과 성품에 고스란히 녹아 있습니다. 《한나의 아이》에서 하우어워스가 독일의 신학자 카를 바르트를

좋아한 이유를 설명하는데, 그것은 신학을 펼쳐 가는 바르트의 치밀함이 벽돌을 쌓는 작업과 같았기 때문이라고 술회합니다. 하나씩 던졌던 신학적인 질문들과 씨름하면서 사유와 성찰의 반복되는 노고를 통해 마침내 거대한 진리의 작품을 완성해 나가는 바르트의 모습에 그는 매료됩니다.

그리스도를 닮아 가는 제자들의 삶도 마찬가지입니다. 반복된 훈련과 성찰을 통해 조금씩 쌓아 올린 인격의 벽돌들이 하나둘 모여 존재됨을 구성합니다. '예수 따름'의 제자도는 속성으로 완성되는 기술이나 자격증이 아닙니다. 그것은 스승을 닮고자 매일매일 조금씩 자신을 다듬어 숙련되도록 연마하는 견습생의 삶과 같습니다.

본받음과 뒤따름

하우어워스는 그리스도인이 예수님을 잘 알지 못하는 이유를 예수님처럼 살지 않기 때문이라고 단언합니다. 한국 교회의 실패가 이 때문이 아닌지 모르겠습니다. 수많은 설교자와 그리스도인이 예수님을 말하지만, 정작 그 안에는 예수님의 성품과 삶이 부재합니다. 예수님을 닮고자 하는 뒤따름의 훈련은 우리가 그리스도를 통해 구원받았다는 것이 무엇을 의미하는지, 그리스도인으로 살아가는 삶이 무엇을 의미하는지 깊이 있게 생각하게 합니다.[2] 하우어워스는 예수를 따르는 제자도를 다음과 같이 '스승과 견습생'으로 비유합니다.

> 스승과 견습생이 궁극적 목표를 달성하고자 애쓰면서 특정 개인의 결점과 한계를 인식할 수 있으려면, 이러한 구분은 절대적으로 중요하다. … 견습생은 오직 스승만 할 수 있는 것이 있음을 배워야 한다. 물론 견습생도 운으로 스승이 한 것을 해낼 수도 있다. 그러나 운이 타고난 재능만으로는 기예를 지속할 수 없으며, 따라서 견습생은 훌륭함을 성취하는 데 필요한 판단의 기술과 역량을 쌓는 데 시간을 들여야만 한다.[3]

예수님의 성품을 닮는 삶이란 구체적으로 무엇을 의미할까요? 아니, 예수님을 아는 것과 그분을 사랑하고 살아가는 것이 어떻게 연결될 수 있을까요? 교회가 그분의 제자 공동체로 존재한다는 것은 무엇일까요? 그리스도의 제자가 된다는 것은 예수님이 십자가를 순종하여 이루어 내신 하나의 새로운 공동체, 새로운 정치체의 구성원이 되는 것입니다. 언제든지 탈퇴할 수 있는 모임과 협회에 가입하는 것이 아니라 자신의 모든 것을 걸 수 있는 운명 공동체에 참여하는 것입니다. 제자가 된다는 것은 그리스도의 이야기를 공유하며 하나님의 통치라는 실재의 나라에 참여하는 일입니다.[4] 단지 믿음을 가지고 사는 것만으로는 충분하지 않습니다. 예수님의 제자가 되는 것은 그분의 삶과 생애를 아는 것만으로 이루어지지 않습니다. 이 세상에서 하나님의 구속 드라마에 참여하여, 비록 무명이라 할지라도 한 명의 배우로서 활동하는 것을 뜻합니다. 그 배우는 철저히 예수님에 의해 훈련되고 길들여집니다. 세상의 무대에서 자신만의 캐릭터를 찾아 연기하는 것은 허용되지 않습니다. 세속은 각자의 역할을 찾아 떠나라고 속삭이지만, 예수님은 자신을 닮은 삶을 살도록 우리를 초청합니다.

제자는 스승의 모습을 그대로 재현하며 삽니다. 제자는 스승을 닮을 뿐 아니라 스승의 모형으로 살아갑니다. 사람들은 그 제자를 통하여 스승을 어렴풋이 알게 됩니다. 우리는 예수님의 제자가 되는 법을 배움으로써 하나님의 이야기 안에서 우리의 삶, 곧 우리의 이야기를 발견합니다.[5] 우리는 우리 자신의 이야기가 이 세상에서 독립적으로 존재하는 것이 아니라 거대한 예수 이야기의 일부임을 깨닫게 됩니다. 진정으로 예수님을 따르지 않고서는 그분을 알 수 없습니다. 우리는 예수님을 따른 후에야 그분의 고뇌와 사랑에 대해 조금씩 알아 가게 됩니다. 왜 그렇게 생각하고 행동하셨는지, 왜 그렇게 말씀하셨는지, 구체적인 그 현장을 경험한 후에야 비로소 그분의 뜻을 조금씩 이해합니다. 그렇게 예수님을 알고 나서야 비로소 우리는 우리 자신에 대해서도 알 수 있습니다.[6] 앞서 지적했듯이 오늘날 교회를 생각할 때 가장 부족한 것이 바로 예수 따름의 문제입니다. 예수님을 고백하면서 예수를 따르지 않는 그리스도인으로 가득 찬 교회들이 문제입니다. 예수님을 주님으로 고백하지만 그 주인의 말을 박제화시키는 것이 문제입니다. 그리스도인이 된다는 것은 특정한 계명이나 규칙을 따르는 것이 아니라 하나님 나라의 원형인 예수 이야기에 걸맞게 성장하는 법을 배우는 것을 의미합니다. 이것이 바로 제자가 되는 유일한 길입니다.[7]

우리는 예수님이 되라고 부름을 받은 것이 아니라 그분을 닮으라고 부름을 받았습니다. 예수님을 닮는 것은 곧 그의 여정에 합류하는 일이고, 그 여정을 통해 예수님의 삶이 비폭력적 사랑이었음을 알게 됩니다. 그분의 나라는 자신을 내어주는 사랑으로 살아가는 곳이며, 원수를 십자가의 아픔으로 받아들이는 이들에게 실재가 되는 나라입니다. 그럴 때에야 비로소 우리는 하나님 나라의 시민권을 얻을 수 있습니다.[8] 제자도는 지식과 깨달음의 문제라기보다는 열망과 갈망의 문제이기도 합니다. 그분을 따르라는 예수님의 명령은 우리의 사랑이나 갈망을 그분의 것과 일치시키라는 명령입니다.[9] 하나님이 원하시는 바를 원하고 하나님이 욕망하는 바를 욕망하고 하나님을 열망하며 갈망하는 것이 그분을 따르는 삶의 출발입니다. 형식적인 말과 행동을 앵무새처럼 반복하는 것이 아니라, 마음 깊은 곳에서 우러나오는 간절한 갈망으로 그분을 따르는 삶이 필요합니다.

그리스도를 따르는 일은 값비싼 대가를 지불하는 것과 같습니다. 그것은 예수님의 십자가를 짊어지고 따르는 삶의 모방입니다. 본회퍼는《나를 따르라》에서 이렇게 말합니다.

> 그리스도가 오직 고난을 받고 버림을 받은 자로서만 그리스도이듯이, 제자도 오직 고난과 버림을 받는 자로서만, 오직 예수와 함께 십자가에 못 박힌 자로서만 제자다. 예수 그리스도를 따르는 것은 그에게 얽매이는 것으로써 따르는 자를 그리스도의 율법 아래, 다시 말하면 십자가 아래 세워진다.[10]

본회퍼는 값싼 은혜와 값비싼 은혜를 구별하면서, 값싼 은혜는 싸구려 상품처럼 아주 손쉽게 얻을 수 있고 대가를 요구하지 않는다고 말합니다. 오늘날 교회는 예수님의 제자로서 어떠한 대가를 요구하지 않습니다. 회개와 순종, 헌신과 실천을 강조하지 않습니다. 달콤한 평안과 위로를 말하면서 그것이 복음으로 살아가는 것인 양 착각하게 합니다. 은혜가 값진 것은 항상 대가를 요구하기 때문이며, 바로 자기 자신을 내려놓기를 요구하기에 의미가 있습니다. 오늘날 그리스도인들의 '예수 없는 예수 따름'은 십자가를 통과하지 않은 영광스러운 보좌에 앉은 승리의 그리스도만을 바라보는 것과 같습니다. 그들의 예수님은 회개를 요구하지 않는 무조건적인 용서와 사랑만을 베푸시는 자비하신 예수님입니다.

하우어워스는 주류 교회—가톨릭과 개신교—가 여전히 예수님을 소외시켰다고 비판합니다. 오늘날 교회들은 예수님의 십자가와 고난을 짊어지기를 기뻐하기보다 그분을 통해 축복과 영광스러운 자리에 오르는 데 관심을 둡니다. 예수님을 삶 속에서 따라야 할 대상으로 인식하기보다는 그저 축복 주시는 분으로 바라봅니다. 하지만 신실한 제자의 삶은, 구원을 얻고자 하는 노력의 결과도 아니며 자신이 자랑할 목적으로 추구하는 것도 아니며, 오직 하나님이 진실로 우리 안에 역사하시는 것을 증언하는 것입니다. 한스 뎅크Hans Denck가 주장하듯 그리스도를 따르는 것은 그리스도를 진실로 아는 것과 분리되지 않습니다.[11] 초대 그리스도인들은 세상에서 하나님 나라를 모범적으로 살아 낸 이스라엘의 소명이 예수를 통해 이어지고 있음을 발견했습니다. 그들은 구약과 신약을 예수 그리스도를 통해 연결시키면서, 이스라엘의 완벽한 완성으로서 예수님의 삶을 이해했습니다.

[제자가 되는 것] 그것은 선생과 함께 묵고, 머물러 듣고, 배우는 일이다. 새로운 학습으로 고정관념을 씻어 내지 않고서는 제자가 될 수 없다는 단언이다. 제자는 경청하며 응시하는 사람이다. 그리스도를 향하여 귀와 눈을 열어야 한다. … 온갖 육체적 감각을 열어 두어야 작은 것들 안에 깃드신 예수와 만나고 그분과 함께 머물 수 있다.[12]

여러 번 강조하지만, 제자도에서 가장 필요한 것은 바로 기본적인 훈련입니다. 한 단계씩 올라가는 새로운 기술을 연마하는 것이 아니라 듣고, 보고, 읽고, 묵상하고, 실천하는 것의 무한반복입니다. 병사가 전쟁터에 나가기 전에 기초적인 군사 훈련을 비롯한 다양한 상황에 대처할 수 있도록 연습하는 것처럼, 그리스도인 역시 그분의 제자로서 살아가기 위한 신앙의 훈련이 필요합니다. 훈련은 권위에 순종함으로써, 또 자아를 내려놓음으로써 형성하는 것을 포함합니다.[13] 세속사회는 모든 권위의 원천을 합리적 이성을 지닌 자아로 축소시켰습니다. 공동체와 성경의 권위 대신 인간이 합리적으로 판단하고 이해할 수 있는 것만을 권위로 삼으면서, 권위는 인간의 한계에 갇히게 됩니다. 다시 말하면, 권위에 따르는 삶은 무엇을 믿고 또 무엇을 바라보고 살지를 결정하는 것인데, 오늘날 이성적 존재인 현대인은 각자의 판단에 기초하며 살아간다는 것입니다. 그러나 그리스도의 제자로 살아가는 것은, 예수님을 권위의 원천으로서 인정하며 사는 것입니다. 자신의 관점과 해석을 내려놓고 예수님의 관점과 실천을 반복적으로 훈련합니다. 가치가 있는 삶인지 아닌지를 판단하는 것은 우리 몫이 아닙니다. 우리는 따르기만을 명령받았습니다.

하우어워스는 신앙 교육을 위해 만들어 놓은 교회의 특별한 프로그램과 순서에 부정적입니다. 예배를 포함해서 교회 안에서 행해지는 모든 것은, 그 자체로 하나의 종교적인 교육입니다. 교회에서 진행하는 제자훈련이나 성품학교 등등이 신앙의 어떤 단계와 수준에 이를 수 있게 한다는 착각을 불러일으키면서 실행되지만, 하우어워스는 독립된 영역과 활동으로서의 종교 교육은 전혀 신앙적이지 않다고 말합니다.[14] 신앙은 이성적인 작용으로만 형성될 수 없습니다. 앎이 필요하지만, 앎은 실천을 전제할 때 온전해질 수 있습니다. 성경을 묵상하는 것도 실천을 위해서이며, 특히 공동체적인 실천으로 교회의 전통과 유산을 오늘날 살아 있도록 해야 합니다.

하나님 나라에 사는 법

그리스도인은 두 나라의 시민으로 살아갑니다. 하나는 하나님 나라이고 다른 하나는 세상의 나라입니다. 아우구스티누스의 '두 도성'과 마르틴 루터의 '두 왕국론'은 그 나라들의 성격을 잘 보여 줍니다. 하나님 나라는 '하나님'을 주인으로 삼지만, 세상의 나라는 '나'를 중심으로 삼습니다. 물론 세상의 나라도 하나님의 통치 영역인 것은 맞습니다. 그러나 그 나라는 세상의 권세들이 주관하며 그들의 권력으로 운영됩니다. 하우어워스가 교회를 세상 한복판에 있는 '식민지'로 비유한 것은 교회와 나머지를 구분했기 때문입니다. 물론 이러한 이분법적 사고가 하나님 나라의 통전성을 약화한다고 비판을 받을 수 있습니다. 세상을 죄악시하거나 스스로 의로운 존재로 여기도록 하지요. 그러나 하우어워스의 관심은 철저히 교회적인 것에 있습니다.

예수님은 그 무엇보다 하나님 나라의 현존을 선포하셨습니다. 그것은 세상을 통하여 구현되지 않습니다. 하나님 나라의 실재는 예수님의 내러티브를 통하여 그 나라가 여기에 현존한다는 선언이기도 합니다. 그분의 생애는 폭력적 세계 한복판에서 평화롭게 살 수 있는 변화된 사람들, 즉 교회 공동체를 창조하시는 하나님의 강력한 능력을 드러냅니다. 우리는 폭력의 세상에서 용서와 비폭력적 평화의 삶이 불가능한 것이 아니라 실재할 수 있음을 깨닫습니다.[15]

성육신적 제자도는 어떠한 결과로써 성공과 실패를 규정하지 않습니다. 제자들은 세상과 분리되어 철저히 그리스도의 가르침과 삶에 헌신하며 살아갑니다. 그것은 예수님의 성육신 원리를 철저히 모방하는 것입니다. 세상의 한복판에 찾아오신 하나님이신 예수님은 인간의 모습으로 오셔서 우리와 함께 아파하며, 함께 주리며, 함께 거절당하며, 우리를 위해서 죽으신 분입니다. 함께being with는 단순히 같은 시공간에 머물러 있는 것을 의미하지 않습니다. 존재의 구성부터 삶의 모든 내용까지 함께하는 것입니다. 성육신적 제자도는 우리의 마음과 정신의 방향성을 재고하는 것이 아니라, 성육신하신 예수님, 즉 이스라엘 예언자들의 전통에 서서 하나님 나라를 가르치고 실천하시며 우리에게 그 나라를 살도록 하신 가르침

을 따라나서는 것입니다.¹⁶

그리스도인은 하나님 나라의 종말론적인 백성입니다. 종말론은 우리가 끝을 향하는 시간에 속한 백성이요, 이 시간 속에서 그리스도를 통해 마지막 때를 미리 본 사람이라는 것을 의미합니다. 종말론적인 백성인 우리는 세상의 시간을 살지 않고, 하나님의 시간을 살아갑니다.¹⁷ 동시에 우리는 하나님 나라라는 공간 속에 머물러 있습니다. 더 나아가 우리는 하나님의 통치라는 정치적 현실을 마주합니다. 우리의 시간, 공간, 관계, 의미, 실천 모두는 바로 종말론을 통과할 때에만 그 의미가 분명해집니다. 기독교 윤리는 목적론 혹은 의무론이 아니라 언제나 종말론적인 특징을 지닙니다. 세속의 윤리학처럼 다수의 행복과 공적 선을 위해 노력하는 것을 목표로 하지 않습니다. 교회의 공적인 선교는 바로 예수의 공적인 증언입니다. 그것은 세속의 대조 모델로서 하나님을 알지 못하는 이들에게 정치적 공동체를 가시적으로 드러내게 합니다.¹⁸

공공신학이 주장하는 것처럼, 교회가 공적인 기관으로 존재할 경우 공공의 영역에 영향을 미치려고 애쓰는 과정에서 교회가 도리어 공적인 것에 영향을 받습니다. 스스로를 하나의 종교로 축소해 세속이 구분하는 카테고리에 들어가게 됩니다. 무척 아이러니하게도 교회의 공적 핵심어가 '제자도 discipleship'에서 '시민의식 citizenship'으로 대체되었습니다. 종말론적인 하나님 나라는 세상의 정치적 현실로 완성되지 않습니다. 신실한 교회의 존재 이유는 종말eschaton에 완성될 하나님 나라이며, 그 나라는 세상 속에서 교회가 드러내야 하는 비전인 예수님의 이야기를 반드시 통과해야 합니다.[19] 하우어워스는 새뮤얼 웰스와 나눈 대화에서 이렇게 말합니다.

> 이와 달리 세상을 종말론의 눈으로 바라본다는 것은 이 세상이 근본적으로 하나님께서 끊임없이 주시는 선물을 통해 이루어져 있는 것으로 본다는 것입니다. 그렇기 때문에 종말론에 바탕을 둔 설명에는 필연성이 없습니다.[20]

하나님 나라를 종말론적으로 사는 사람은 우리의 계획과 의도보다 하나님의 섭리를 우선해 살아갑니다. 이러한 자세로 살아갈 때 우리는 모든 것을 섭리하시는 하나님의 뜻에 순종하게 되며, 우리에게 다가오는 모든 것을 하나님의 선물로 인정하게 됩니다. 내가 원하든 원하지 않든, 모든 것이 하나님의 은사와 선물로서 주어집니다. 그렇다면 우리가 할 수 있는 일은 무엇일까요? 수동적인 존재로서 그 나라를 받아들여야 할까요?

종말론적인 하나님 나라를 살아가는 제자들의 첫 번째 임무는 '이야기 들려주기story-telling'에서 시작됩니다. 예수님의 이야기를 들려줌으로써 예수님 자신이 그들에게 직접 말하도록 길을 열어 주게 됩니다. 만약에 우리가 각각의 사람들이 처한 다양한 상황 가운데서 복음이 들려지길 원한다면, 개별사항에 알맞은 적절한 이야기를 찾기보다 바로 나사렛 예수의 이야기를 들려줄 필요가 있습니다. 그 이야기를 듣는 것만으로도 강력한 힘이 발휘됩니다.[21] 그런 의미에서 우리는 이야기꾼이 되어야 합니다. 비록 내가 그 이야기의 주인공은 아닐 수 있지만, 그 이야기가 내 삶에서 실재한다는 것을 드러내 보일 필요가 있습니다. 다시 전달되는 예수의 이야기는 화자, 청자 그리고 그 현실이라는 새로운 조합을 거치면서 언제나 새롭게 흘러갑니다. 그 이야기를 통해 예수님은 우리의 현실에서 살아 있게 되고 누군가의 삶에 신실하게 함께하게 됩니다. 그리고 이야기를 듣는 모두를 그분의 나라로 초청합니다. '이야기하기'는 모든 제자에게 주신 선교적인 사명이며, 한 명의 그리스도인으로 살아갈 수 있는 신실한 삶의 토대입니다.

예전 liturgy의 공동체

하우어워스는 오늘날 예배에서 두 가지를 경계하라고 조언하는데, 첫째는 예배의 개인화individualized입니다. 이것은 공동체성을 무너뜨리는 동시에 예수님의 이야기를 온전히 경험하는 것을 어렵게 합니다. 둘째는 예배의 상품화commercialized인데, 마치 공연을 보는 듯 예배가 소비의 대상이 되는 것을 경계합니다. 예배를 상품으로 여기면 예배자를 관객으로 전락시켜 공동체의 일원이 되는 것을 해칩니다.[22] 오늘날 우리의 예배 현장을 생각해 보면, 철저히 개인주의적인 신앙과 영성을 추구하는 방향으로 흘러가고 있습니다. 구성원의 다양성과 다원성은 각자의 취향과 삶을 존중하는 긍정적인 효과가 있지만, 기존의 친밀한 공동체를 약화하고 파편화된 개인들의 집합체처럼 인식될 수 있습니다. 교회를 하나의 '공동체'로 부르는 것은 예수 그리스도를 머리로 하는 몸의 각 지체로 서로 연결되어 있음을 뜻할 뿐 아니라, 각기 다른 은사와 역할로서 하나의 몸을 섬기는 상호성을 받아들이기 때문입니다. 그러나 오늘날 그러한 공동체는 과거의 기억 속에 자리할 뿐입니다.

예배와 예전은 개별적 신앙을 지향하는 오늘날의 성향과는 정반대의 성격을 지닙니다. 인간의 이성을 강조하면서 개인의 선택과 행복을 존중하는 세속화된 개인주의 문화를 극복할 수 있는 교회의 실천은 바로 예배와 예전입니다. **교회는 예전적 공동체입니다.** 함께 모여 찬양하며 기도하고 말씀을 들으며, 그리스도의 살과 피를 먹고 마시는 행위는 참석하는 모두가 그분과 혈연으로, 아니 몸으로 엮여 있음을 의미하죠. **공동체적 몸으로서 예수님은 세속의 정치 공동체에 대항할 수 있는 강력한 모티프를 제공합니다.** 국가와 국민의 이름으로 묶여 있는 현대 정치제도는 허울뿐인 연대의 상호성일 뿐입니다. 각자의 이익과 계약을 통한 정치적 연대는 언제든지 파괴될 수 있는 느슨한 끈으로 되어 있습니다. 하지만 예수님의 몸의 일부로서 살기를 다짐하는 공동체의 예전은, 자아중심적인 세속문화를 거스를 수 있는 동기를 제공할 뿐 아니라 세상 한복판에서 그분을 향하는 강력한 공동체로 살아가게 합니다.

예배는 무의미한 행위의 반복적 실천이 아닙니다. 예배는 우리를 다시 성경의 이야기로 인도합니다. 우리를 새롭게 하는 이 예배는 의식과 무의식 차원에서 우리의 정체성을 재형성합니다. 그렇기에 기독교 예배는 성경의 이야기로 구성되고 우리를 그 이야기에 걸맞게 살도록 다시 독려합니다.[23] 성공회 신학자인 티모시 세지윅Timothy Sedgwick이 예전의 관점에서 그리스도인의 윤리적 삶을 주목했다면, 하우어워스는 윤리의 관점에서 다시 예전의 의의를 성찰했습니다. 지향점과 문제의식은 유사할 수 있으나 접근 방법이 전혀 다르죠. 우리는 예배가 초월적이고 개인적이며 내면적인 것들을 다룬다고 생각하지만, 예배를 통해 우리는 진·선·미를 성찰하며 덕스러운 습관을 형성하고 그리스도를 닮아 하나님의 증인이 되는 법을 배우게 됩니다.[24] 예배는 종교적인 것과 윤리적인 것 모두를 포함합니다.

성만찬과 세례와 같은 기독교의 예전은 예수님의 이야기를 재연하고 기억하게 합니다. 또한 그분의 삶을 몸으로 실천할 수 있도록 하면서 강력한 공동체를 형성시킵니다. 성례 없이는 교회로 존재할 수 없습니다. 교회가 성례를 실천하는 것이 아니라, 성례가 교회의 교회됨을 규정합니다. 성례는 예수님의 이야기를 듣고 그렇게 살기로 다짐하는 이들을 향한 초대장입니다. 성례에 참여하는 모든 그리스도인은 자아의 죽음을 고백하는 동시에 부활을 소망합니다. 성례는 예배의 클라이맥스이기도 합니다. 극적으로 경험되는 이 현장에서 우리는 그리스도의 임재와 함께 신실한 공동체를 경험합니다. 예수님의 이야기는 그저 들려지는 것이 아니라 오늘날 구체적인 경험으로 재연되어야 하기에, 성례는 예수님의 이야기를 듣고 선포하도록 우리를 만들어 가고 준비시키는 중요한 수단입니다.

세례는 예수님의 죽음과 부활의 일부가 되는 입회식과 같습니다. 세례를 통해 우리는 예수님의 이야기를 배우고 그 이야기의 일부가 됩니다. 성찬은 하나님이 지속적으로 임재하시는 종말론적 식사로서 우리는 그 안에서 그리스도의 일부가 됩니다.[25] 만약 성례가 없다면 우리는 하나님을 우리의 바람wants과 필요를 채우는 작은 신 정도로 오해할 수 있습니다.

성례는 그리스도인들의 사회 참여적 윤리적 삶의 일부분이 아니라 그 자체로 사회적 행위입니다. 성례를 통해 우리는 하나님의 이야기에 올바르게 반응할 수 있으며 세속의 한복판에서 살아 있는 예수님을 만나게 됩니다.[26] 성만찬은 그리스도인이 예수님을 통해 서로 연결되어 서로를 화해하는 공동체에 속하게 합니다. 이처럼 성만찬은 예수 내러티브를 구현하도록 이끌어 준다는 점에서 기독교 윤리의 핵심적인 실천이 됩니다.

성만찬은 정치윤리적 특징도 지닙니다. 그것은 전혀 다른 정치성을 형성하여 세속에 저항하며 세속을 변화시키는 나라를 꿈꾸게 합니다. 성만찬을 통해 경험되는 초월적 현실은 하나님 나라의 어렴풋한 이미지와 성격을 구체화합니다. 동시에 세속국가의 정치와 본질적으로 무엇이 다른지 깨닫게 합니다. 성만찬을 통해 우리는 하나님을 만나고, 동시에 서로를 만납니다. 신앙의 유무를 떠나 성찬의 자리에 함께하는 이들은 예수님의 초청으로 하나가 됩니다. 개인적으로 읽고 묵상했던 예수 내러티브가 공동체적으로 읽히고 해석됩니다. 그리스도의 몸을 먹고 마시는 행위는 단순한 신앙적 실천이 아닙니다. 그것은 우주적 몸의 일부로서 우리 자신을 고백하는 것과 같습니다. 떡과 포도주라는 물질을 통하여 임재하시는 예수님을 고백하면서 우리는 물질세계를 포함한 모든 피조세계에서 하나됨을 고백하게 됩니다. 성만찬을 통과하면서 우리는 파편화된 개인과 집단을 극복하고 서로의 깊은 곳으로 연결되고 또 함께 존재하는 공동체로 거듭나게 됩니다.[27]

그레이엄 워드는 《고문과 성찬 Torture and Eucharist》에서 성만찬이 만들어 낸 새로운 사회의 구체적인 모델을 제시합니다. 칠레의 군부 독재인 피노체트 치하에서 고통받고 순교당하는 많은 이들이 감옥과 동굴에서 행했던 성만찬은 새로운 사회를 향한 염원을 담아 내는 동시에 고난받는 모두와 함께 연대하고 있음을 고백하게 했습니다. 성찬은 교회의 생명에 가장 핵심부에 위치합니다. 우리는 성찬 안에서 하늘과 땅, 과거와 현재 그리고 미래가 연결되는 것을 깨닫습니다. 더 나아가 성찬은 국가의 경계를 뛰어넘어 '동료 시민'이 누구인지를 다시 규정합니다.[28] 그것은 지역, 출신, 인종, 문화, 언어와 같은 세속적인 공동체와는 전혀 다른 것입니다. 모든 경계와 구분을 무너뜨리며 화해와 연대를 가능하게 하는 성만찬적 공동체로서 하나님 나라는 이 세상이 보여 줄 수 없는 궁극적인 정치체를 드러내 보입니다. 그것은 수천 년 전부터 이어져 온 기독교의 전통으로서 과거와 현재, 그리고 미래를 연결하는 시간의 공동체인 동시에, 모든 공간을 초월하는 공간적 공동체이기도 합니다. 하나님 나라의 무시간성과 탈공간성을 이 땅에서 맛볼 수 있는 유일한 현장이기도 합니다.

우리는 성찬과 마찬가지로 세례의 의미를 다시 생각해 보아야 합니다. 우리는 세례를 통해 그리스도의 은혜에 참여하며, 이전의 삶과 단절된 새로운 삶의 방향을 조정하면서 예수님으로 충만한 삶을 시작합니다. 세례를 받았다고 해서 도덕적 영웅 공동체의 구성원이 되는 것은 아니지만, 새로운 시작임은 분명합니다.[29] 세례를 통하여 우리는 새로운 몸을 부여받았습니다. 이 몸은 그리스도의 몸을 구성하는 육체들로부터 더 이상 소외되지 않습니다. 그리고 우리는 우리 자신이 공동체의 기억에 의존해 살고 있다는 점을 명심하게 됩니다.[30] 이것은 참 인간이 되라는 부르심, 즉 온전하고 참된 인간이 되어야 할 소명을 받아들이고 세상을 향한 하나님의 형상으로서의 공동체와 백성이 되라는 부르심입니다.[31]

세례를 통해 우리는 이 세상에 대안으로 세워진 새 공동체의 시민이 됩니다. 그리스도 안에서 세례를 받은 일은 우리가 맞게 될 죽음에 대한 최종적인 리허설과 같습니다. 교회는 세례를 통해 새로운 하나님의 가족을 받아들입니다.[32] 세례는 그리스도 안에서 세상을 자신과 화해시키는 하나님의 이야기를 압축적으로 보여 주는 소우주와 같습니다. 세례는 새로운 존재의 탄생과 함께 정치적인 변화와 변혁을 위한 모티프를 제공하면서 새로운 세상의 삶을 기대하게 합니다. 이것은 새로운 대안적 국가(도시)에 입문하는 의례이기도 합니다.[33]

세례와 성찬은 단순히 종교의식이 아니며 교회됨의 정치를 이루는 본질적인 의식입니다. 성례는 기독교의 공동체성을 가장 명확하게 제시하며, 세상에서 우리는 세례와 성찬 안에서 하나님 나라의 표지를 가장 선명하게 이해할 수 있습니다. 그리스도인이 하나님의 증인이 되도록 훈련하는 최선의 길은 바로 예배입니다. 바로 예배를 통해서 정체성을 발견하고 그리스도인답게 살아갈 수 있는 능력을 얻게 됩니다.[34] 제임스 스미스가 언급한 것처럼 우리는 예배하는 존재, 즉 예전적 동물liturgical animal입니다. 무엇인가를 향하며 살아가는 이 땅에서 우리는 유일한 예배의 대상인 하나님을 바라보며 살아가는 사람들입니다. 예배는 신앙고백인 동시에 정치적인 행위입니다. 예배는 마음의 문제인 동시에 삶의 문제입니다. 예배하는 존재로서 인간은 참 예배자이신 그리스도 안에서 서로 연결되며 참된 예배의 공동체를 만들어 가게 됩니다. 당신의 예배는 누구를 향하고 있습니까? 또 예배를 통해 무엇을 꿈꾸고 있습니까?

순례자로 사는 삶

하우어워스는 《교회의 정치학》에서 미셸 드 세르토가 제안한 걷기를 하나의 순례자적 행위로서 인식했습니다. 세르토는 《일상생활의 실천 The Practice of Everyday Life》에서 도시를 바라보는 두 가지 관점을 '전략'과 '전술'로 설명하면서, 마치 전쟁터에서 살아가는 것으로 비유합니다. 걷기는 하나의 공간 실천입니다. 일상을 살아가는 그리스도인들은 공간에 순응하는 삶이 아니라 공간에 저항하는 삶을 살아가야 합니다. 세르토는 공간을 향한 두 가지 계획, 즉 '전략'과 '전술'을 흥미롭게 설명합니다. 전략과 전술은 바라보는 관점과 행동하는 지침 사이에서 명확한 차이점이 있습니다. 전략은 높은 곳에서 아래를 내려다보며 사람들의 움직임과 방향을 지정해 주는,

마치 축구장에서 감독이 선수들에게 각자의 역할과 임무를 결정해 주는 것과 같은 전체적인 행위입니다. 전방위 감시를 통해 장소들을 장악하고 '판독하면서readable' 상황들에 대처합니다. 복합적인 상황들을 판단하고 정보를 취합한 이후에 가장 적절한 해결책을 내림으로써 상황을 장악합니다. 하지만 감독자의 위치는 현장의 생생한 경험과는 거리가 있게 마련입니다. 감독의 계획이 아무리 훌륭해도 그것을 수행하는 선수들의 개인기와 기량을 고려해야 합니다.

반대로 전술은 전반적인 전략을 세우거나 전체적인 상황을 이해할 수 없는 경우에 취하는 약자들의 기술입니다. 마치 축구장에서 감독의 지시에 따라 움직이지 않고 선수 개개인의 판단과 기술로 상황에 대처하는 것과 같습니다. 임기응변일 수도 있고 창의적인 실천일 수도 있습니다. 하우어워스가 교회의 실천을 전략이 아닌 전술에 비교한 것은, 낯선 이방인의 땅에 놓여 있는 식민지 백성처럼 각자의 신념과 행위가 훨씬 중요한 시대를 살아가기 때문입니다. 누군가가 지정해 주는 신앙의 실천들은 그 생명력을 다하지 못합니다. 하우어워스는 제자로서의 그리스도인들에게는 '전략'이 아닌 '전술'로서 실천이 필요하다고 제안합니다.[35] 기존 교회에서 제공해 주는 달콤한 설교와 가르침을 모든 상황에 일률적으로 적용하기가 쉽지 않을뿐더러, 그것이 세속과 연대하는 방식을 취하기에 적절하지 않다고 여겼습니다. 제자됨에서는 그리스도의 제자로 훈련된 이들의 각자의 판단과 행동이 훨씬 중요하며 그를 위해 개개인의 성품과 덕스러움의 함양을 제안했습니다.

전술을 실천하는 이들은 이 땅에서 순례자로 살아가는 사람들입니다. 일반적인 여행은 잠시 잠깐의 기분전환과 새로운 각오를 다지기 위한 자기 목적을 위한 방편이지만, 순례는 나를 버리고 그리스도로 채우기 위한 변화의 몸부림입니다. 윌리엄 캐버너는 순례를 자기 '제한적 행위kenotic movement'로 규정하면서 항구적인 안정성을 포기하고 기꺼이 불완전한 삶을 향한 자기 포기의 끊임없는 분투라고 말합니다.[36] 예수님을 따라 자비와 환대를 실천하는 순례적 삶은 세속의 한복판에서 영원한 것을 바라보며, 예수님으로 충만한 삶을 표현하는 데 집중합니다. 그리스도의 증인으로 살아가는 제자들은 예수를 말하고, 예수를 실천하고, 예수를 재현하며 살아가기를 요청받습니다. 정처 없이 길을 걷는 나그네가 아니라 예수님을 따르는 십자가의 길을 걷습니다.[37] 따라서 제자도의 삶은 필연적으로 길 위에 놓인 삶, 우리가 참여하는 아직 끝나지 않은 이야기의 삶입니다. 이처럼 하우어워스는 순례라는 은유를 통해 오늘날 교회의 현실과 그리스도인의 삶을 적절히 표현해 냈습니다.[38] 예수님과 함께 걷고, 만나는 이들에게 예수님을 드러내 보이는 신실한 제자로 살아가는 삶이 곧 순례입니다.

그렇다면 순례는 무엇을 향하여 있을까요? '걷기'라는 행위적 은유가 갖는 상징성은 무엇일까요? 또한 나 홀로 이 땅을 걷는 것과 교회 공동체가 함께 걷는 것은 어떤 연결점이 있을까요? 교회는 하나의 순례 공동체입니다. 그분의 나라는 순례 공동체인 교회를 통해서만 완성될 수 있습니다. 아우구스티누스가 《신의 도성 The City of God》에서 말한 것처럼, 교회는 하나님의 도성을 향한 순례자들의 공동체인 동시에 덕성 함양의 공동체입니다.[39] 성품의 공동체로서 교회는 길을 함께 걷는 이들과의 만남과 연대를 통해 동일한 성품을 지향하게 합니다. 그것은 교육과 배움을 통해 완성되지 않으며, 예수님이 걸으며 바라보고 느낀 것을 함께할 때 가능합니다. 나그네로 살아가는 하나님의 백성들은 세속이라는 광야에서 하나님 나라를 꿈꾸는 공동체로 살아갑니다. 이들의 일상은 주님을 따르는 걷기의 연속입니다. 세속의 걷기는 저마다의 목표와 방향성을 갖지만, 순례자의 걷기는 그리스도를 향하며 그분을 따르는 걸음입니다.

순례자의 걷기 실천을 통해 우리는 일상의 생각과 행동을 걷기 속도로 늦춤으로써 삶의 모든 자리를 성찰합니다. 세속의 바쁜 시간과 리듬을 거슬러 천천히 걷는 도보의 행위는 나와 주변을 깊이 있게 바라볼 수 있게 합니다. 그러한 길은 세속의 길과 정반대 방향으로 흘러갑니다. 순례자로서 그리스도의 제자들은 모든 땅을 의미의 장소로 여기며 타자와 깊이 있는 만남을 시도합니다. 예수님의 시선으로 사물과 타인을 바라보며, 길을 걷다 마주치는 모든 것을 사랑하고 용납하면서 하나님 나라를 실천합니다. 자신이 살아가는 도시를 생명력 있게 하고 타자를 자신의 삶으로 깊이 품으면서 관계적 안정과 연대를 형성합니다.[40] 우리 모두는 저마다의 길을 걷는 이들입니다. 하지만 그리스도의 순례자들은 잠시의 목표를 지향하기보다는 어떤 본질적인 방향을 향해 나아갑니다. 사실 신앙의 여행에서는 우리의 목적지가 어디인지 우리가 결정할 수 없습니다. 우리가 아는 것이라곤 그 여정이 어떤 형태로든 하나님 나라와 연결되어 있고 그분과 완전한 교제를 이룬다는 사실뿐입니다.[41]

순례자로서 걷는 행위는 예수 그리스도의 성육신적 삶과 연결되어 있습니다. 예수님의 길은 구체적인 삶의 현장 한복판으로 걸어 들어가 사람들과 함께 머물면서 하나님 나라를 실천하는 삶이었습니다. 삶의 공간과 문화 안으로 깊숙이 스며들면서 하나님 나라를 실천하는 것은, 삶의 공간적 정서와 문화를 변화시키는 정치적 행위와 연결됩니다.[42] 따라서 우리는 순례라는 신앙의 행위가 갖는 변혁적 실천성에 관심을 두어야 합니다. 하우어워스가 사회변혁을 직접적으로 제안하지는 않지만, 제자들이 실천하는 순례적 삶은 주변을 바꾸는 놀라운 힘이 있습니다. 순례는 자신이 누구인지를 신앙고백적인 삶으로 드러내는 행위이자, 탈기독교 시대에 그리스도의 제자로 살아가는 삶이기도 합니다. 순례라는 일상의 실천은 자신의 삶이 누구를 본받고 있는지, 그리고 그런 공동체를 통해 일상의 순례를 함께 어떻게 그려 낼 수 있는지를 보여 줍니다. 당신의 순례는 누구와 함께하고 있습니까? 또 어디로 향하고 있습니까? 우리의 순례는 오직 예수 그리스도께서 걸어가신 길을 밟는 신앙고백의 행위입니다.

나오는 말

분리주의자라는 오해에 대하여

하우어워스에 대한 가장 큰 비판은, 그가 교회와 세상을 이원론적으로 구분함으로써 교회를 세상에서 분리하여 게토화하려는 전략을 취했다는 것입니다. 그는 주류 기독교가 정치 권력과 결탁해 온 것을 거부하고 교회는 세속과 거리를 두고 자신만의 모습을 회복해야 한다고 제안함으로써 분리주의적인 태도를 취한다는 오해를 받고 있습니다. 하우어워스는 교회가 세속사회에 참여하는 것을 철저히 거부합니다. 그것을 교회의 실패로 규정했죠. 그렇다고 그의 학문적 여정이 고립된 채 진행되어 온 것은 아닙니다. 공동체주의 윤리를 자신의 이론적 기둥으로 삼는 과정에서 그는 아리스토텔레스로부터 알래스데어 매킨타이어까지 이어 온 덕 윤리의 전통을 수용했습니다. 기독교의 공동체주의와 그리스도를 닮은 성품을 강조하기 위해 공동체주의의 철학 전통을 수용한 것입니다. 또한 하우어워스는 세속 학문 전체와 신학의 이성화 작업을 모두 비판하지는 않았습니다. 자유주의 철학 전통과 칸트를 중심으로 하는 존재론을 거부할 따름입니다. 개인화된 존재론의 한계를 명확히 알았기에 그는 공동체 안에서 형성된 내러티브적 자아 또는 성품적 존재론을 강조했습니다.

최근 한국 교회에 공공신학 열풍이 강하게 일어나고 있습니다. 팬데믹을 거치면서 종교의 공적인 참여가 중요해지고 있을 뿐 아니라, 교회의 자정작용을 위해서도 공공신학의 도움이 필요합니다. 개인화된 신앙과 교회 중심적인 신학을 넘어서 새로운 패러다임 전환이 일어나고 있습니다. 특히 시카고 대학의 마틴 마티Martin Marty는 라인홀드 니버를 공공신학의 선구자로 평가했습니다. 니버는 20세기 중반 미국 사회에서 기독교의 공적 참여를 잘 보여 준 예시로서 자주 언급됩니다. 그는 기독교 현실주의christian realism를 통하여 하나님 나라의 가장 근사치적인 모습을 이 땅에 구현하려고 했고, 하나님의 사랑을 정의로 번역하면서 현실에 적용 가능한 신학 방법론을 펼쳤습니다.

공공신학은 교회의 울타리를 넘어서 보편적인 가치와 의미에 연대하고 공동으로 실천할 수 있는 방법을 모색합니다. 데이비드 트레이시David Tracy는 신학의 자리를 학계, 교회, 사회의 영역으로 정의했고, 맥스 스택하우스는 정치경제 영역까지, 김창환은 미디어와 시민사회 영역까지 포함시켰습니다. 이들은 급변하는 사회에서 공적인 대화를 통해 더 나은 사회를 만드는 교회의 참여를 주장합니다.

하지만 하우어워스는 니버와 스택하우스가 신학을 하나의 공적인 학문으로, 교회는 지역의 공공 기관으로, 믿음을 사회적 윤리와 에토스로 평가절하했다고 날카롭게 비판합니다. 하우어워스에게 교회가 존재하는 목적은 이 세상을 원활하게 만드는 데 필요한 일이 무엇인지를 묻고 교회가 그 일을 담당하는 것이 아닙니다. 교회는 지역사회의 협조적인 기관으로 도움을 주는 전문가를 목표로 하지 않습니다.[1] 하우어워스는 스택하우스가 주장하는 공공신학이 종교적 신념을 기능주의적으로 해석했다고 비판합니다. 특히 미국의 기독교가 종교의 자유를 위한 근거로서 계몽주의를 수용하면서 자신들의 신념이 가진 특별함과 정체성을 스스로 약화했다고 아쉬워하죠.[2] 하우어워스는 자신을 종파주의로 묘사하는 것을 거부하면서 자유주의의 정치가 오히려 교회를 사적인 영역으로 만들어 왔기에 거부해야 한다면서 세속의 대안으로서 정치를 제안합니다.

물론 공공신학의 주장도 상당한 설득력이 있습니다. 맥스 스택하우스는 《대중신학과 정치경제학》에서 공공신학의 필요성을 두 가지로 제안합니다. 첫째는 그리스도인으로서 합리적이면서도 비특권적인 구원을 세상 사람들에게 전해야 하며, 둘째는 신학은 본래 국민 생활과 정책에 영향을 미칠 수 있기에 대중적일 필요가 있다는 것입니다.[3] 오늘날 상당한 발전을 이루고 있는 공공신학의 업적을 무시할 수는 없습니다. 공론장 안에서 다양한 주체들과 합리적인 대화를 통해 공적인 이슈들을 다루려는 신학의 기여는 현실 정치에서 하나님 나라의 가치와 공공선을 회복하려는 의미 있는 작업입니다. 그러기에 교회의 공적 역할을 공공의 영역과 사적인 영역으로 구분해 왔던 근현대의 이원론을 거부하고, 어떻게 하면 신앙의 본질을 훼손하지 않으면서도 공공의 존재로서 살아갈 수 있을까 고민한다면 조금 다른 차원에서 접근할 수 있을 것입니다.

《교회됨의 윤리》에서 문시영은 미국의 맥스 스택하우스로 대표되는 공공신학과 하우어워스의 교회윤리가 반대되는 지점에 서 있지 않다고 주장합니다. 공공신학이 교회의 사회 참여를 강조하기는 하지만, 그 출발점은 교회를 중심으로 하며, 교회의 공공적 본성을 토대로 하는 섬김의 한 모델이라 평가했습니다.[4] 둘 모두는 도덕 주체로서의 교회를 공유하고 있는 것입니다. 물론 교회가 공적인 역할을 한다고 해서 국가와 사회단체의 보조자를 자처할 필요는 없으며 공공의 영역과 긴장 관계를 설정해야 할 것입니다.

최근에는 공공신학과 공동체주의를 연결하려는 시도가

빈번히 등장하고 있습니다. 가장 대표적으로 메리 도크는 《공공신학의 내러티브 회복Reclaiming Narrative for Public Theology》에서 내러티브 방법론과 공공신학을 연결합니다. 그녀는 '공적'이라는 용어가 사무적이거나 정치적이기 이전에 공통의 가치를 담은 언어라고 주장합니다.[5] 집단의 가치와 의미를 품고 있는 '공public'은 정치와 경제적인 영역을 넘어서 사회적 태도, 인식, 문화의 실천 등을 포괄합니다. 따라서 기독교의 공공신학의 공적 참여는 변혁적인 정치적 행위만을 의미하지 않습니다. 오히려 공동체의 가치와 의미, 또는 문화적 실천과 삶의 양식을 포괄하는 차원으로 확장될 필요가 있습니다. 그녀는 예일학파의 로널드 티먼Ronald Thiemann과 스탠리 하우어워스의 내러티브 신학 방법론이 갖는 공공신학적 의의들을 상당히 설득력 있게 설명합니다. 공공신학과 공동체주의를 연결하려는 시도이지요.

탈기독교 시대에 교회는 다원화된 사회에서 소수의 공동체로 전환되고 있습니다. 규모와 영향력 면에서 선교지의 신앙 공동체처럼 점점 변방으로 위치를 옮기는 중입니다. 포스트-크리스텐덤 상황에서 교회는 자신의 생존을 걱정하는 동시에 복음의 증인으로 신실하게 살아가야 합니다. 이를 위해 하우어워스가 제안하듯이 교회는 로마로부터 공인받기 이전의 초기 교회 모습으로 돌아가 평화를 지향하는 힘없는, 그러나 예수님의 이야기를 믿고 그대로 실천하는 교회-되기에 관심을 두어야 합니다.

세상과 교회는 결코 같을 수 없습니다. 만일 이것을 '퇴거 退去'라고 비판해도 괜찮습니다. 세상은 교회일 수 없습니다. 반대로 교회가 세상일 수도 없습니다. 하나님께서 세상을 창조하셨지만, 세상은 여전히 하나님을 모르기에 두려움을 연료로 삼아 폭력의 불길을 지속적으로 태워 냅니다.[6] 하우어워스의 입장이 교회와 세상을 분리하는 이원론적 태도를 취하는 듯하지만, 세상을 등지려는 것이 아니라 세상 안에서 선한 창조물이 어떻게 존재해야 하는지를 보여 주는 것입니다.[7]

자유주의가 가장 이상적인 정치체제인 것처럼 보일지라도 그 역시 약점이 있습니다. 인간의 공통된 경험과 역사를 상실한 사회는 모래탑처럼 부서지기 쉬운 조직이 되기 쉽습니다. 하우어워스가 자유주의를 비난하는 것은 도덕적 근거를 개개인의 선택에 맡기기 때문입니다. 그는 가정 윤리의 한 형식인 낙태에 관한 문제를 다루면서, 한 개인(여성)의 권리로서 생명을 제거하는 것은, 비록 보수적이라는 비난을 받을지라도 한 남성에게 아빠가 될 수 있는 권리를, 한 아이가 세상에 태어날 수 있는 권리를 빼앗는 행위라고 비판합니다.[8] 윤리의 가치 판단을 개인주의적인 관점이 아니라 공동체주의적인, 더 나아가 역사와 전통의 관점에서 다루고자 하는 것입니다.

하우어워스의 논의를 이어받을 때, 덕 윤리를 기독교적으로 수용하는 과정에서 제기되는 문제들도 있습니다. 첫째, 덕

윤리가 자아중심적 혹은 나르시시적 요소를 지닌다는 점에서 기독교적인 것이 될 수 없다는 비판이 있습니다. 둘째, 덕 윤리의 구현 자체가 지나치게 이상적이고 귀족적인 특징이 있다는 점입니다. 셋째, 덕 윤리보다 다른 윤리 이론이 기독교의 도덕적 전망을 반영하기에 적합하다는 것입니다. 그리고 마지막으로 덕 윤리는 소종파적이어서 시민사회로부터 퇴거를 부추기거나 상대주의의 입장을 띨 수 있다는 점입니다.[9] 물론 이상적인 공동체와 실천이 현실적이지 않을 수 있습니다. 하지만 현실적인 신학과 신앙을 펼치는 것을 목표로 한다고 해서 예수 그리스도의 삶과 사역을 왜곡시킬 수 없습니다. 교회 공동체의 평화주의 전통을 상실할 필요는 없습니다.

종교는 민주주의 체제에 길들여져 종교의 자유와 체제를 보장받는 대신 국가와 공공의 이익에 봉사하려는 태도를 보여서는 안 됩니다. 그것은 이미 스스로 국가에 길들여진 종교 또는 체제에 순응하는 신앙이라는 비판에서 자유로울 수 없을 것입니다. 종교의 목표는 자신의 번영과 자율성을 확보하는 데 있지 않습니다. 그것은 과거 크리스텐덤의 형식을 답습하는 것과 같습니다.

> 제가 이야기한 것은 그리스도교가 세상으로부터 철수한 것처럼 보여도 개의치 말아야 한다는 것이었습니다. 교회가 철수할 곳은 없습니다. 우리는 포위되었어요.[10]

우리는 세상으로부터 도망치려고 해도 그럴 수 없습니다. 우리 사회는 이미 탈기독교화로 인해 주변 문화를 주도하고 있기에 우리는 그저 포위당한 군인들과 같습니다. 우리가 선택할 수 있는 것은 자신의 최후를 알면서도 명예롭게 각자의 임무를 포기하지 않는 것입니다. 성공과 실패의 여부는 우리가 가진 힘과 능력에 달려 있지 않습니다. 얼마나 신실한 그리스도의 제자로 살아왔는지, 또 그 나라를 실천하기 위해 교회 공동체가 노력했는지에 달려 있습니다.

하우어워스의 가르침이 정답이라고 말하지는 않겠습니다. 하지만 그동안 한국 교회가 놓쳐 왔던 신앙의 유산이 무엇인지를 다시 점검하고 포스트-팬데믹 시대에 교회됨의 참된 모습을 회복하길 바랄 뿐입니다. 내러티브, 성품, 공동체, 탈콘스탄티누스주의, 평화의 나라, 제자도를 통해 우리의 교회를 점검하면서 여러분의 교회와 신앙의 여정이 예수님의 향기로 가득하길 기도하겠습니다.

주

들어가는 말

1. Stuart Murray, *Post-Christendom*(Milton Keynes: Paternoster, 2014).
2. 장창일, "기독교 배타적… 호감도 25%에 그쳐," 〈국민일보〉 2022. 4. 27. (국민일보와 코디연구소가 지앤컴리서치에 의뢰해 1,000명을 대상으로 진행한 '기독교에 대한 대국민 이미지 조사' 참고.)
3. 한스 부어스마, 박세혁 옮김, 《천상에 참여하다》(서울: IVP, 2021), 17.
4. 스탠리 하우어워스·윌리엄 윌리몬, 김기철 옮김, 《하나님의 나그네 된 백성》(서울: 복있는사람, 2011), 257.

1장 내러티브

1. 알래스데어 매킨타이어, 이진우 옮김, 《덕의 상실》(서울: 문예출판사, 1997), 216.
2. 스탠리 하우어워스, 홍종락 옮김, 《한나의 아이》(서울: IVP, 2017), 269.
3. 스탠리 하우어워스, 문시영 옮김, 《교회됨》(성남: 북코리아, 2010), 100.

4. 스탠리 하우어워스, 홍종락 옮김,《평화의 나라》(서울: 비아토르, 2021), 89-90.
5. 스탠리 하우어워스,《교회됨》, 115.
6. 로완 윌리엄스, 이철민 옮김,《인간이 된다는 것》(서울: 복있는사람, 2019), 35.
7. 스탠리 하우어워스,《한나의 아이》, 137.
8. 스탠리 하우어워스,《한나의 아이》, 295.
9. 스탠리 하우어워스,《교회됨》, 28-29.
10. 스탠리 하우어워스,《교회됨》, 110.
11. 스탠리 하우어워스,《평화의 나라》, 36.
12. Stanley Hauerwas, "The Self as Story: Religion and Morality from the Agent's Perspective," *The Journal of Religious Ethics*, Vol. 1 (Fall, 1973), 74.
13. 스탠리 하우어워스,《교회됨》, 180.
14. D. Stephen Long, *Truth Telling in a Post-Truth World*(Nashville: Wesley's Foundery Books, 2019), 31.
15. Samuel Wells, *Transforming Fate into Destiny*(Eugene: Cascade Books, 1998), 51.
16. 스탠리 하우어워스,《교회됨》, 139.
17. Duncan B. Forrester, *Beliefs, Values and Policies: Conviction Politics in a Secular Age*(Oxford: Oxford University Press, 1989), 38.
18. Stanley Hauerwas, "The Self as Story: Religion and Morality from the Agent's Perspective," 74.
19. 스탠리 하우어워스, 백지윤 옮김,《교회의 정치학》(서울: IVP, 2019), 125.
20. 스탠리 하우어워스,《교회됨》, 129.
21. 스탠리 하우어워스,《평화의 나라》, 214.
22. Stanley Hauerwas, "The Interpretation of Scripture: Why Discipleship Is Required," edited by John Berkman, Michael Cartwright, *The Hauerwas Reader*(Durham: Duke University Press, 2001), 255.
23. 스탠리 하우어워스,《교회됨》, 127-128.
24. 제임스 스미스, 한상화 옮김,《급진 정통주의 신학》(서울: CLC, 2011), 244.
25. 스탠리 하우어워스,《교회됨》, 183.
26. 스탠리 하우어워스,《교회됨》, 140.
27. D. Stephen Long, *Truth Telling in a Post-Truth World*, 8.
28. 스탠리 하우어워스,《교회됨》, 198.
29. 스탠리 하우어워스,《교회의 정치학》, 77.

30. 스탠리 하우어워스, 《교회의 정치학》, 108.
31. 스탠리 하우어워스, 《교회됨》, 191.
32. 스탠리 하우어워스, 《평화의 나라》, 86.
33. 스탠리 하우어워스, 《하나님의 나그네 된 백성》, 81.
34. 스탠리 하우어워스, 《평화의 나라》, 111.
35. 스탠리 하우어워스, 《평화의 나라》, 122-123.
36. 월터 브루그만, 정성묵 옮김, 《월터 브루그만의 복음의 공공선》(서울: 두란노, 2021), 85.
37. Oliver O'Donovan, *Self, World and Time*(Grand Rapids: Wm. B. Eerdmans Publishing, 2013), 37.

2장 덕과 성품

1. 스탠리 하우어워스, 홍종락 옮김, 《평화의 나라》(서울: 비아토르, 2021), 109.
2. 존 지지울라스, 이세형·정애성 옮김, 《친교로서의 존재》(서울: 삼원서원, 2012), 15.
3. 존 지지울라스, 《친교로서의 존재》, 52.
4. 스탠리 하우어워스, 홍종락 옮김, 《덕과 성품》(서울: IVP, 2019), 202.
5. Liezl Van Zyl, "Virtue ethics and Right action," edited by Daniel C. Russell, *The Cambridge Companion to Virtue Ethics*(Cambridge: Cambridge University Press, 2013), 172.
6. Makoto Fujimura, *Art and Faith*(New Haven: Yale University Press, 2020), 24.
7. 스탠리 하우어워스, 문시영 옮김, 《교회됨》(성남: 북코리아, 2010), 257.
8. 스탠리 하우어워스, 《교회됨》, 265.
9. Birch and Rasmussen, *Bible and Ethics*, 74. 데이비드 거쉬, 서원교 옮김, 《인간적인 그리고 인간적인》(파주: 살림, 2008), 184에서 재인용.
10. Daniel C. Russell, "Virtue ethics in modern moral philosophy," edited by Daniel C. Russell, *The Cambridge Companion to Virtue Ethics*(Cambridge: Cambridge University Press, 2013), 3.
11. 제임스 스미스, 박세혁 옮김, 《습관이 영성이다》(서울: 비아토르, 2018), 142.
12. 스탠리 하우어워스, 《교회됨》, 217.
13. 제임스 스미스, 《습관이 영성이다》, 35.
14. 스탠리 하우어워스, 백지윤 옮김, 《교회의 정치학》(서울: IVP, 2019), 59.
15. 스탠리 하우어워스, 《평화의 나라》, 75.

16. 스탠리 하우어워스, 《교회됨》, 180-181.
17. 스탠리 하우어워스, 《평화의 나라》, 120.
18. 스탠리 하우어워스, 《교회됨》, 256.
19. Todd Whitmore, "Beyond Liberalism and Communitarianism in Christian Ethics," *The Annual of the Society of Christian Ethics*, Vol. 9 (1989), 213.
20. Oliver O'Donovan, *Self, World and Time* (Grand Rapids: Wm. B. Eerdmans Publishing, 2013), 4.
21. 리처드 헤이스, 유승원 옮김, 《신약의 윤리적 비전》(서울: IVP, 2002), 311.
22. 글렌 스타센·데이비드 거쉬, 신광은·박종금 옮김, 《하나님의 통치와 예수 따름의 윤리》(대전: 대장간, 2011), 79.
23. 마크 코피, 한문덕 옮김, 《스탠리 하우어워스》(서울: 비아, 2016), 48.
24. Stanley Hauerwas, *Christian Existence Today* (Grand Rapids: Brazo Press, 2001), 103.
25. 스탠리 하우어워스, 《하나님의 나그네 된 백성》, 147.
26. 스탠리 하우어워스, 《교회됨》, 265.
27. 스탠리 하우어워스, 《교회의 정치학》, 134.
28. Graham Ward, *The Politics of Discipleship* (Grand Rapids: Baker Academic, 2009), 278.
29. Todd Whitmore, "Beyond Liberalism and Communitarianism," 216.
30. 문시영, 《교회됨의 윤리》(성남: 북코리아, 2013), 118.
31. 스탠리 하우어워스, 《교회됨》, 144.
32. 스탠리 하우어워스, 《평화의 나라》, 206.
33. 스탠리 하우어워스, 《하나님의 나그네 된 백성》, 38.
34. Stanley Hauerwas, Charles Pinches, "Christian Virtues Exemplified: On Developing Hopeful Virtues," *Pro Ecclesia*, Vol. 5, Issue 3(1996), 335.
35. 스탠리 하우어워스, 《평화의 나라》, 206-207.
36. 스탠리 하우어워스·윌리엄 윌리몬, 김기철 옮김, 《성령》(서울: 복있는사람, 2017), 143.
37. 스탠리 하우어워스, 《평화의 나라》, 207.
38. 스탠리 하우어워스, 《교회됨》, 290.
39. 스탠리 하우어워스, 김성근·김유진 옮김, 《마태복음》(서울: SFC출판부, 2018), 162.
40. 스탠리 하우어워스, 《하나님의 나그네 된 백성》, 111.
41. 스탠리 하우어워스, 《하나님의 나그네 된 백성》, 130.
42. 글렌 스타센·데이비드 거쉬, 《하나님의 통치와 예수 따름의 윤리》, 178.

43. 글렌 스타센·데이비드 거쉬,《하나님의 통치와 예수 따름의 윤리》, 188.
44. 리처드 헤이스,《신약의 윤리적 비전》, 402.
45. 리처드 헤이스,《신약의 윤리적 비전》, 407.

3장 공동체

1. 리 비치, 김광남 옮김,《유배된 교회》(서울: 새물결플러스, 2017), 36.
2. 주일예배에 정기적으로 참석하지 않고 제도권 교회에 소속되어 있지 않지만, 스스로 기독교인이라고 여기는 현상이다. 영국 사회학자 그레이스 데이비Grace Davie는 '소속 없는 신앙believing without belonging'이라고 명명했다.
3. Samuel Wells, *Transforming Fate into Destiny*(Eugene: Cascade Books, 1998), 14.
4. 지그문트 바우만, 홍지수 옮김,《방황하는 개인들의 사회》(서울: 봄아필, 2013), 83.
5. 스탠리 하우어워스·윌리엄 윌리몬, 김기철 옮김,《하나님의 나그네 된 백성》(서울: 복있는사람, 2011), 119.
6. 로저 트리그, 최용철 옮김,《인간 본성에 관한 10가지 철학적 성찰》(서울: 자작나무, 2000), 20.
7. 스탠리 하우어워스,《하나님의 나그네 된 백성》, 121.
8. 글렌 스타센, 데이비드 거쉬, 신광은·박종금 옮김,《하나님의 통치와 예수 따름의 윤리》(대전: 대장간, 2011), 84.
9. 데이비드 거쉬, 서원교 옮김,《인간적인 그리고 인간적인》(파주: 살림, 2008), 99.
10. 스탠리 하우어워스, 문시영 옮김,《교회됨》(성남: 북코리아, 2010), 167.
11. 스탠리 하우어워스, 홍종락 옮김,《평화의 나라》(서울: 비아토르, 2021), 149.
12. 로버트 우스노우, 정재영·이승훈 옮김,《기독교와 시민 사회》(서울: CLC, 2014), 15.
13. 스탠리 하우어워스,《하나님의 나그네 된 백성》, 32.
14. 스탠리 하우어워스,《평화의 나라》, 221.
15. 스탠리 하우어워스,《교회됨》, 173.
16. 디트리히 본회퍼, 문익환 옮김,《신도의 공동생활》(서울: 대한기독교서회, 2005), 24.
17. 데이비드 거쉬,《인간적인 그리고 인간적인》, 67.
18. 스튜어트 머레이, 강현아 옮김,《이것이 아나뱁티스트다》(대전: 대장간,

2011), 99.
19. 스탠리 하우어워스, 백지윤 옮김,《교회의 정치학》(서울: IVP, 2019), 138.
20. 문시영,《교회됨의 윤리》(성남: 북코리아, 2013), 48.
21. 스탠리 하우어워스,《교회의 정치학》, 71.
22. 윌리엄 캐버너, 손민석 옮김,《신학, 정치를 다시 묻다》(서울: 비아, 2019), 138.
23. 스탠리 하우어워스,《하나님의 나그네 된 백성》, 74-75.
24. 스탠리 하우어워스,《하나님의 나그네 된 백성》, 12.
25. 스탠리 하우어워스,《하나님의 나그네 된 백성》, 13.
26. Michel de Certeau, *The Practice of Everyday Life*(Berkeley: University of California Press, 2011), xvii.
27. 스탠리 하우어워스,《교회됨》, 207.
28. 스탠리 하우어워스,《교회됨》, 213.
29. Stanley Hauerwas, "The Church as God's New Language," edited by John Berkman, Micheal Cartwright, *The Hauerwas Reader*(Durham: Duke University Press, 2001), 161.
30. Samuel Wells, *Transforming Fate Into Destiny*, 122.
31. 마크 코피, 한문덕 옮김,《스탠리 하우어워스》(서울: 비아, 2016), 21.
32. 마크 코피,《스탠리 하우어워스》, 13-14.
33. 마크 코피,《스탠리 하우어워스》, 29.
34. 스탠리 하우어워스,《교회됨》, 302.
35. 스탠리 하우어워스,《교회됨》, 319.

4장 탈콘스탄티누스주의

1. Stanley Hauerwas, *Against the Nations: War and Survival in a Liberal Society*(New York: Winston Press, 1985), 122.
2. 스탠리 하우어워스, 백지윤 옮김,《교회의 정치학》(서울: IVP, 2019), 29.
3. '크리스텐덤Christendom'에 대한 정의는 쉽지 않다. '기독교 왕국' 또는 '제국적 기독교'로 번역할 수 있다. 이 주제에 가장 민감한 이들은 아나뱁티스트로서 국가와 종교가 결합하는 것을 교회의 타락으로 규정했다. 특히 4세기에 기독교는 로마 황제 콘스탄티누스에 의해 황실 종교로 격상되면서 핍박당하는 종교에서 이방종교와 국가를 핍박하는 종교가 되었다. 콘스탄티누스는 전 유럽을 성스러운 크리스텐덤으로 만들려고 했고, 교회는 로마의 전

쟁을 지지하고 폭력을 자행하는 종교로 변질되었다. 지배 질서에 영합하는 주류 기독교는 구약의 거룩한 전쟁처럼 정의로운 전쟁을 지지하며, 신의 대리자로서 세상을 심판하고 정복하려는 승리주의적 태도를 취한다. 이러한 크리스텐덤의 전통은 중세교회에서 가장 크게 부각되었으며, 최근에도 국가의 비호 아래 권력과 결탁하여 그 명맥을 이어 오고 있다.

4. 스탠리 하우어워스·윌리엄 윌리몬, 김기철 옮김, 《하나님의 나그네 된 백성》(서울: 복있는사람, 2011), 60.
5. 리 비치, 김광남 옮김, 《유배된 교회》(서울: 새물결플러스, 2017), 46.
6. Samuel Wells, *Transforming Fate into Destiny*(Eugene: Cascade Books, 1998), 110.
7. 김현수, "스탠리 하우어워스의 교회 윤리 비판적 읽기," 〈기독교사회윤리〉 21(2011), 42.
8. John H. Joder, *Priestly Kingdom*(Notre Dame: University of Notre Dame Press, 1985), 110.
9. 문시영, 《교회됨의 윤리》(성남: 북코리아, 2013), 51.
10. Craig A. Carter, *Rethinking Christ and Culture*(Grand Rapids: Brazos press, 2006), 113.
11. 스탠리 하우어워스, 《하나님의 나그네 된 백성》, 45.
12. 스탠리 하우어워스, 《교회의 정치학》, 112.
13. William T. Cavanaugh, *Migrations of The Holy*(Grand Rapids: William B. Eerdmans, 2011), 173.
14. Jürgen Habermas, et al., *An Awareness of What is Missing*(Cambridge: Polity Press, 2010), 1.
15. 위르겐 하버마스는 후기세속 또는 탈세속post-secular이라는 용어를 사용하면서 종교가 다시금 사회의 건설적인 대화와 담론 형성에 중요한 참여자가 된 것을 인정할 필요가 있다고 설명한다. 이것은 단순히 사회적 역할 강화를 넘어서서 사회 전반의 재종교화와 재영성화의 흐름을 포착한 것이라 할 수 있다. 인간의 이성과 국가의 합리적 시스템에 의해서 사회적 번영과 평화가 완성되는 것이 아니라 이성의 한계, 즉 세속의 한계를 보완하고 더 나은 방향으로 인도하는 데 종교의 역할이 있음을 제안한다고 볼 수 있다.
16. 〈*International Journal of Public Theology*〉 편집장으로 일했던 세바스찬 김은 교회를 하나의 공적 기관으로 인식하면서, 사회 구성원으로서 교회는 공론장에서 대화와 협력을 할 필요가 있음을 제안한다.
17. 스탠리 하우어워스, 《하나님의 나그네 된 백성》, 41.
18. 스탠리 하우어워스, 홍종락 옮김, 《평화의 나라》(서울: 비아토르, 2021), 146.

19. 스탠리 하우어워스, 《교회됨》, 172.
20. 윌리엄 T. 캐버너, 손민석 옮김, 《신학, 정치를 다시 묻다》(서울: 비아, 2019), 15.
21. 스탠리 하우어워스, 문시영 옮김, 《교회됨》(성남: 북코리아, 2010), 151.
22. 스탠리 하우어워스, 《하나님의 나그네 된 백성》, 53-55.
23. 스탠리 하우어워스, 《하나님의 나그네 된 백성》, 70.
24. 스탠리 하우어워스, 《교회의 정치학》, 94.
25. 스탠리 하우어워스, 《교회의 정치학》, 119.
26. 존 하워드 요더, 김기현·전남식 옮김, 《근원적 혁명》(대전: 대장간, 2011), 147.
27. 스탠리 하우어워스, 《하나님의 나그네 된 백성》, 22.
28. 미로슬라브 볼프, 박세혁 옮김, 《배제와 포용》(서울: IVP, 2012), 479.
29. 미로슬라브 볼프, 《배제와 포용》, 480.
30. William Cavanaugh, *Migrations of the Holy*, 96.
31. 스탠리 하우어워스, 《교회의 정치학》, 52.
32. 스탠리 하우어워스, 《하나님의 나그네 된 백성》, 143.
33. 미로슬라브 볼프, 황은영 옮김, 《삼위일체와 교회》(서울: 새물결플러스, 2012), 11.
34. 스탠리 하우어워스, 《하나님의 나그네 된 백성》, 123.

5장 평화의 나라

1. 스탠리 하우어워스, 정다운 옮김, 《신학자의 기도》(서울: 비아, 2019), 86.
2. Stanley Hauerwas, *Against the Nations: War and Survival in a Liberal Society*(New York: Winston Press, 1985), 116.
3. Stanley Hauerwas, *Against the Nations*, 109.
4. 스탠리 하우어워스, 홍종락 옮김, 《한나의 아이》(서울: IVP, 2017), 222.
5. 스탠리 하우어워스, 홍종락 옮김, 《평화의 나라》(서울: 비아토르, 2021), 59.
6. Stanley Hauerwas, *War and American Difference*(Grand Rapids: Baker Academic, 2011), xi.
7. Stanley Hauerwas, *Christian Existence Today*(Eugene: Wipf & Stock Publishers, 2010), 91.
8. 스탠리 하우어워스·윌리엄 윌리몬, 김기철 옮김, 《하나님의 나그네 된 백성》(서울: 복있는사람, 2011), 245.

9. Stanley Hauerwas, *War and the American Difference*(Grand Rapids: Baker Academic, 2011), 4.
10. Stanley Hauerwas, *War and the American Difference*, 28.
11. 글렌 스타센·데이비드 거쉬, 신광은·박종금 옮김,《하나님의 통치와 예수 따름의 윤리》(대전: 대장간, 2011), 217-221.
12. 스탠리 하우어워스,《신학자의 기도》, 118-119.
13. Stanley Hauerwas, *War and the American Difference*, 53.
14. 미로슬라브 볼프, 박세혁 옮김,《배제와 포용》(서울: IVP, 2014), 434-435.
15. 스탠리 하우어워스, 홍종락 옮김,《덕과 성품》(서울: IVP, 2019), 92.
16. Stanley Hauerwas, *Christian Existence Today*, 49.
17. 김현수, "스탠리 하우어워스의 교회 윤리 비판적 읽기,"〈기독교사회윤리〉21(2011), 37.
18. Stanley Hauerwas, *War and The American Difference*, 90.
19. 존 하워드 요더, 채충원 옮김,《비폭력 평화주의의 역사》(대전: 대장간, 2015), 72.
20. Stanley Hauerwas, "Peacemaking: The Virtue of the Church," *The Hauerwas Reader*(Durham: Duke University Press, 2001), 325.
21. 미로슬라브 볼프,《배제와 포용》, 199.
22. 에마뉘엘 카통골레·크리스 라이스, 안종희 옮김,《화해의 제자도》(서울: IVP, 2013), 23.
23. 로완 윌리엄스, 김기철 옮김,《제자가 된다는 것》(서울: 복있는사람, 2018), 77.
24. 에마뉘엘 카통골레,《화해의 제자도》, 31.
25. 글렌 스타센·데이비드 거쉬,《하나님의 통치와 예수 따름의 윤리》, 99.
26. 미로슬라브 볼프,《배제와 포용》, 477.
27. 스탠리 하우어워스,《평화의 나라》, 196.
28. 에마뉘엘 카통골레,《화해의 제자도》, 53.
29. Stanley Hauerwas, *Christian Existence Today*, 95.
30. 스탠리 하우어워스,《평화의 나라》, 222.
31. Samuel Wells, *Transforming Fate into Destiny*(Eugene: Cascade Books, 1998), 124.
32. Samuel Wells, *Transforming Fate Into Destiny*, 91.
33. 스탠리 하우어워스,《평화의 나라》, 194.
34. 스탠리 하우어워스,《평화의 나라》, 196.
35. Stanley Hauerwas, Jean Vanier, *Living Gently in a Violent World*(Illinois:

InterVarsity Press, 2008), 46.
36. 스탠리 하우어워스,《평화의 나라》, 201.
37. 한스 부어스마, 윤성현 옮김,《십자가, 폭력인가 환대인가》(서울: CLC, 2014), 366-367.
38. "Jesus and the Social Embodiment of the Peaceable Kingdom," *The Hauerwas Reader*, 124.
39. 스탠리 하우어워스,《평화의 나라》, 297.
40. 위르겐 몰트만, 안명옥 옮김,《정의가 미래를 창조한다》(왜관: 분도출판사, 1990), 71.
41. Luke Bretherton, *Hospitality as Holiness* (Abingdon: Routledge, 2016), 106.

6장 제자도

1. 스탠리 하우어워스, 홍종락 옮김,《한나의 아이》(서울: IVP, 2017), 71.
2. 스탠리 하우어워스, 백지윤 옮김,《교회의 정치학》(서울: IVP, 2019), 138.
3. 스탠리 하우어워스,《교회의 정치학》, 142.
4. 스탠리 하우어워스, 문시영 옮김,《교회됨》(성남: 북코리아, 2010), 107.
5. 스탠리 하우어워스, 홍종락 옮김,《평화의 나라》(서울: 비아토르, 2021), 88.
6. 스탠리 하우어워스·윌리엄 윌리몬, 김기철 옮김,《하나님의 나그네 된 백성》(서울: 복있는사람, 2011), 81.
7. 스탠리 하우어워스,《평화의 나라》, 93.
8. 스탠리 하우어워스,《평화의 나라》, 175.
9. 제임스 스미스, 박세혁 옮김,《습관이 영성이다》(서울: 비아토르, 2018), 14.
10. 디트리히 본회퍼, 이신건 옮김,《나를 따르라》(서울: 신앙과지성사, 2013), 81.
11. 스튜어트 머레이, 강현아 옮김,《이것이 아나뱁티스트다》(대전: 대장간, 2011), 83-89.
12. 로완 윌리엄스, 김기철 옮김,《제자가 된다는 것》(서울: 복있는사람, 2018), 12.
13. 스탠리 하우어워스,《교회의 정치학》, 134.
14. Stanley Hauerwas, *Christian Existence Today* (Eugene: Wipf & Stock Publishers, 2010), 101.
15. 스탠리 하우어워스,《평화의 나라》, 187.
16. 글렌 스타센·데이비드 거쉬, 신광은·박종금 옮김,《하나님의 통치와 예수 따름의 윤리》(대전: 대장간, 2011), 86.

17. 스탠리 하우어워스·윌리엄 윌리몬, 김기철 옮김,《성령》(서울: 복있는사람, 2017), 124.
18. Mary Doak, *Reclaiming Narrative for Public Theology* (NewYork: SUNY Press, 2004), 136.
19. Samuel Wells, *Transforming Fate into Destiny* (Eugene: Cascade Books, 1998), 30.
20. 스탠리 하우어워스·새뮤얼 웰스, 민경찬·윤혜림 옮김,《스탠리 하우어워스와의 대화》(서울: 비아, 2022), 57.
21. 스튜어트 머레이,《이것이 아나뱁티스트다》, 90.
22. 문시영,《교회됨의 윤리》, 153.
23. 제임스 스미스,《습관이 영성이다》, 152.
24. 문시영,《교회됨의 윤리》, 137-139.
25. 스탠리 하우어워스,《평화의 나라》, 230.
26. Stanley Hauerwas, *Christian Existence Today*, 107.
27. 윌리엄 캐버너, 손민석 옮김,《신학, 정치를 다시 묻다》(서울: 비아, 2019), 17.
28. 윌리엄 캐버너,《신학, 정치를 다시 묻다》, 88.
29. 문시영,《교회됨의 윤리》, 147.
30. 스탠리 하우어워스, 신우철 옮김,《십자가 위의 예수》(서울: 새물결플러스, 2009), 53.
31. 제임스 스미스, 박세혁 옮김,《하나님 나라를 욕망하라》(서울: IVP, 2016), 245.
32. 스탠리 하우어워스,《성령》, 125-126.
33. 제임스 스미스,《하나님 나라를 욕망하라》, 278-279.
34. 문시영,《교회됨의 윤리》, 152.
35. 스탠리 하우어워스,《교회의 정치학》, 28.
36. William T. Cavanaugh, *Migrations of the Holy* (Grand Rapids: William B. Eerdmans, 2011), 80.
37. 스탠리 하우어워스,《교회의 정치학》, 195.
38. 리차드 헤이스, 유승원 옮김,《신약의 윤리적 비전》(서울: IVP, 2002), 401.
39. 문시영,《교회됨의 윤리》, 142.
40. 김승환,《도시를 어떻게 구원할 것인가》(서울: 새물결플러스, 2021), 173.
41. 스탠리 하우어워스,《하나님의 나그네 된 백성》, 90.
42. Paul Dixon, *Nomadic Faith* (Portland: Urban Loft Publishers, 2014), 86.

나오는 말

1. 스탠리 하우어워스·윌리엄 윌리몬, 김기철 옮김,《하나님의 나그네 된 백성》(서울: 복있는사람, 2011), 55.
2. 스탠리 하우어워스, 백지윤 옮김,《교회의 정치학》(서울: IVP, 2019), 123.
3. 맥스 스택하우스, 김수영 옮김,《대중신학과 정치경제학》(서울: 로고스, 1991), 10.
4. 문시영,《교회됨의 윤리》(성남: 북코리아, 2013), 27-28.
5. Mary Doak, *Reclaiming Narrative for Public Theology*(New York: SUNY Press, 2004), 11.
6. 스탠리 하우어워스, 문시영 옮김,《교회됨》(성남: 북코리아, 2010), 213.
7. 김현수, "스탠리 하우어워스의 교회 윤리 비판적 읽기,"〈기독교사회윤리〉 21(2011), 36.
8. 스탠리 하우어워스,《교회됨》, 165.
9. 문시영,《교회됨의 윤리》, 92.
10. 스탠리 하우어워스·새뮤얼 웰스, 민경찬·윤혜림 옮김,《스탠리 하우어워스와의 대화》(서울: 비아, 2022), 20.

참고문헌

1. 스탠리 하우어워스 저서와 논문

Hauerwas, Stanley. 문시영 옮김. 《교회됨》. 성남: 북코리아, 2010.
―――. 김성근·김유진 옮김. 《마태복음》. 서울: SFC출판부, 2018.
―――. 정다운 옮김. 《신학자의 기도》. 서울: 비아, 2018.
―――. 신우철 옮김. 《십자가 위의 예수》. 서울: 새물결플러스, 2009.
―――. 백지윤 옮김. 《교회의 정치학》. 서울: IVP, 2019.
―――. 홍종락 옮김. 《한나의 아이》. 서울: IVP, 2017.
―――. 홍종락 옮김. 《평화의 나라》. 서울: 비아토르, 2021.
―――. 홍종락 옮김. 《덕과 성품》. 서울: IVP, 2019.
―――. *War and the American Difference*. Grand Rapids: Baker Academic, 2011.
―――. *Christian Existence Today*. Grand Rapids: Brazo Press, 2001.
―――. *Against the Nations: War and Survival in a Liberal Society*.

New York: Winston Press, 1985.

─────. "The Self as Story: Religion and Morality from the Agent's Perspective," *The Journal of Religious Ethics*, Vol. 1, 1973.

─────. "The Interpretation of Scripture: Why Discipleship Is Required," *The Hauerwas Reader*. Durham: Duke University Press, 2001.

─────. Pinches, Charles. "Christian Virtues Exemplified: On Developing Hopeful Virtues." *Pro Ecclesia*, 1996.

─────. Willimon, William. 김기철 옮김.《하나님의 나그네 된 백성》. 서울: 복있는사람, 2011.

─────. Willimon, William. 김기철 옮김.《성령》. 서울: 복있는사람, 2017.

─────. Wells, Samuel. 민경찬·윤혜림 옮김.《스탠리 하우어워스와의 대화》. 서울: 비아, 2022.

─────. Vanier, Jean. *Living Gently in a Violent World*. Illinois: InterVarsity Press, 2008.

2. 국내외 자료

김승환.《도시를 어떻게 구원할 것인가》. 서울: 새물결플러스, 2021.

김현수. "스탠리 하우어워스의 교회 윤리 비판적 읽기."〈기독교사회윤리〉 21(2011).

문시영.《교회됨의 윤리》. 성남: 북코리아, 2013.

Bauman, Zygmunt. 홍지수 옮김.《방황하는 개인들의 사회》. 서울: 봄아필, 2013.

Beach, Lee. 김광남 옮김.《유배된 교회》. 서울: 새물결플러스, 2017.

Biggar, Nigel. Hogan, Linda. edited. *Religious Voices in Public Places*. London: Oxford University Press, 2009.

Boersma, Hans. 박세혁 옮김.《천상에 참여하다》. 서울: IVP, 2021.

──. 윤성현 옮김.《십자가, 폭력인가 환대인가》. 서울: CLC, 2014.

Bonhoeffer, Dietrich. 문익환 옮김.《신도의 공동생활》. 서울: 대한기독교서회, 2005.

──. 이신건 옮김.《나를 따르라》. 서울: 신앙과지성사, 2013.

Bretherton, Luke. *Hospitality as Holiness*. Abingdon: Routledge, 2016.

Brueggemann, Walter. 정성묵 옮김.《월터 브루그만의 복음의 공공선》. 서울: 두란노, 2021.

Carter, Craig A. *Rethinking Christ and Culture*. Grand Rapids: Brazos press, 2006.

Cavanaugh, William T. *Migrations of The Holy*. Grand Rapids: William B. Eerdmans, 2011.

──. 손민석 옮김.《신학, 정치를 다시 묻다》. 서울: 비아, 2019.

Doak, Mary. *Reclaiming Narrative for Public Theology*. New York: SUNY Press, 2004.

Dixon, Paul. *Nomadic Faith*. Portland: Urban Loft Publishers, 2014.

Forrester, Duncan B. *Belief, Values and Policies: Conviction Politics in a Secular Age*. Oxford: Oxford University Press, 1989.

Fujimura, Makoto. *Art and Faith*. New Haven: Yale University Press, 2020.

Gushee, David P. 서원교 옮김.《인간적인 그리고 인간적인》. 파주: 살림, 2008.

Habermas, Jürgen. et al. *An Awareness of What is Missing*. Cambridge: Polity Press, 2010.

Long, D. Stephen. *Truth Telling in a Post-Truth World*. Nashville: Wesley's Foundery Books, 2019.

Macintyre, Alasdair. 이진우 옮김.《덕의 상실》. 서울: 문예출판사, 1997.

Micheal de Certeau. *The Practice of Everyday Life*. Berkely: University of California Press, 2011.

Moltmann, Jürgen. 안명옥.《정의가 미래를 창조한다》. 왜관: 분도출판사, 1990.

Murray, Stuart. 강현아 옮김.《이것이 아나뱁티스트다》. 대전: 대장간, 2011.

―――. *Post-Christendom*. Milton Keynes: Paternoster, 2014.

O'Donovan, Oliver. *Self, World and Time*. Grand Rapids: Wm. B. Eerdmans Publishing, 2013.

Richard B. Hays. 유승원 옮김.《신약의 윤리적 비전》. 서울: IVP, 2002.

Smith, James K. A. 한상화 옮김.《급진 정통주의 신학》. 서울: CLC, 2011.

―――. 박세혁 옮김.《습관이 영성이다》. 서울: 비아토르, 2018.

―――. 박세혁 옮김.《하나님 나라를 욕망하라》. 서울: IVP, 2016.

Stackhouse, Max L. 김수영·심정근 옮김.《대중신학과 정치경제학》. 서울: 로고스, 1991.

Stassen, Glen H. Gushee, David P. 신광은·박종금 옮김.《하나님의 통치와 예수 따름의 윤리》. 대전: 대장간, 2011.

Taussig, Hal. 조익표·조영희·장영진·이난희 옮김.《기독교는 식사에서 시작되었다》. 서울: 동연, 2018.

Trigg, Roger. 최용철 옮김.《인간 본성에 관한 10가지 철학적 성찰》. 서울: 자작나무, 2000.

Volf, Miroslav. 박세혁 옮김.《배제와 포용》. 서울: IVP, 2012.

―――. 황은영 옮김.《삼위일체와 교회》. 서울: 새물결플러스, 2012.

Ward, Graham. *The Politics of Discipleship*. Grand Rapids: Baker Academic, 2009.

Wells, Samuel. *Transforming Fate into Destiny*. Eugene: Cascade Books, 2004.

Whitmore, Todd. "Beyond Liberalism and Communitarianism in Christian Ethics," *The Annual of the Society of Christian*

Ethics, Vol. 9, 1989.

Williams, Rowan. 이철민 옮김.《인간이 된다는 것》. 서울: 복있는사람, 2019.

———. 김기철 옮김.《제자가 된다는 것》. 서울: 복있는사람, 2018.

Wuthnow, Robert. 정재영·이승훈 옮김.《기독교와 시민 사회》. 서울: CLC, 2014.

Yoder, John H. 채충원 옮김.《비폭력 평화주의의 역사》. 대전: 대장간, 2015.

———. 김기현·전남식 옮김.《근원적 혁명》. 대전: 대장간, 2011.

Zizioulas, John D. 이세형·정애성 옮김.《친교로서의 존재》. 서울: 삼원서원, 2012.

Zyl, Liezl Van. "Virtue ethics and Right action." edited by Daniel C. Russell. *The Cambridge Companion to Virtue Ethics*. Cambridge: Cambridge University Press, 2013.

하나님의 나그네 된 교회들에게: 스탠리 하우어워스가 전하는 여섯 가지 메시지

김승환 지음

2023년 3월 21일 초판 1쇄 발행

펴낸이 김도완
등록 제2021-000048호
  (2017년 2월 1일)
전화 02-929-1732
전자우편 viator@homoviator.co.kr

펴낸곳 비아토르
주소 서울시 종로구 삼일대로 428, 500-26호
  (우편번호 03140)
팩스 02-928-4229

편집 이현주
제작 제이오

디자인 김진성
인쇄 (주)민언프린팅　　　　　　　　**제본** 다온바인텍

ISBN 979-11-91851-70-0 93230　　**저작권자** ⓒ 비아토르, 2023